Ravachol und die Pariser Anarchisten

Arthur Holitscher

Alpha Editions

This edition published in 2022

ISBN : 9789356709164

Design and Setting By
Alpha Editions
www.alphaedis.com
Email - info@alphaedis.com

RAVACHOL UND DIE PARISER ANARCHISTEN

VON ARTHUR HOLITSCHER

Der ewige Zwiespalt, der offenkundige unlösbare Widerspruch, der die Theoretiker einer revolutionären politischen Richtung von Jenen trennt, die diese Richtung in die direkte, persönlich unerbittliche Aktion umsetzen, kam wohl selten mit solcher Vehemenz zum Ausdruck wie gerade in der Periode „der anarchistischen Attentate", von der hier die Rede sein wird.

Ich habe „anarchistisch" gesagt, aber es ist nicht offenbar, es steht keineswegs unumstößlich fest, es ließe sich wohl darüber streiten, ob die Männer, die von 1891 bis 1894 in Frankreich jene Attentate verübten, Anarchisten waren. Politische Aktionen ähnlicher Art, individuelle Aktionen, die nur scheinbar durch ein System zusammengehalten sind, grenzen in ihrem Wesen nahe an Verzweiflungstaten von Menschen, die aus ihrem rein persönlichen Erleben heraus und nur bedingt aus den Motiven einer, vom politischen Gesichtspunkt als notwendig erkannten Richtung handeln. Wenn Aktionen dieser Art sich im Laufe der Zeiten gleichen, so kann man doch aus der Geschichte den ewig wechselnden Namen der politischen Richtung verfolgen, die jeweils mit diesen Aktionen verknüpft, ihnen eine Art Rechtfertigung zu geben scheint. Die Taten der Nihilisten in Rußland, der Sozialisten in den Anfangsjahrzehnten der Arbeiter-Organisation, der Anarchisten in Frankreich, sie entsprangen alle der Not des aufgewühlten Zeitgewissens. Im Grunde waren sie Manifestationen des stetig gleichbleibenden, seit Urzeiten in die Menschenseele versenkten revolutionären Triebes: das *Unrecht* aus der Welt zu schaffen. Die Auflehnung des Individuums gegen den Staat, der Kampf gegen die Gesellschaft, die das mitgeborene Recht des Individuums schmälert und vernichtet.

In seinem grundlegenden Werk „*Der Anarchismus*" gibt *Paul Eltzbacher* ein kurzes Résumé der theoretischen Grundlagen der anarchistischen Lehren und ich will hier einen Abschnitt zitieren, der für den, wenn auch losen Zusammenhang der anarchistischen Theorie mit den Taten der Anarchisten, über die hier berichtet werden soll, wesentlich und wissenswert ist:

„Der Anarchismus," sagt Eltzbacher, „ist die rechtsphilosophische Verneinung des Staates, d. h. diejenige Art der rechtsphilosophischen Staatslehre, welche den Staat verneint.

Eine anarchistische Lehre kann nicht vollständig sein, ohne anzugeben, auf was für einer Grundlage sie ruht, was für einen Zustand sie im Gegensatz zum Staate bejaht, und wie sie sich den Übergang zu diesem Zustande denkt. Eine Grundlage, eine bejahende Seite und eine Vorstellung von dem Übergang zu dem, was bejaht wird, sind notwendige Bestandteile jeder anarchistischen Lehre. Mit Beziehung auf diese Bestandteile lassen sich folgende *Arten des Anarchismus* unterscheiden.

1. Der Grundlage nach: der *genetische Anarchismus*, welcher als höchstes Gesetz menschlichen Verhaltens nur ein *Naturgesetz* anerkennt und der *kritische Anarchismus*, welcher als höchstes Gesetz menschlichen Verhaltens eine Norm betrachtet; als Unterarten des kritischen Anarchismus der *idealistische Anarchismus*, dessen höchstes Gesetz eine Pflicht, und der *eudämonistische Anarchismus*, dessen höchstes Gesetz das Glück ist; und endlich als Unterarten des letzteren der *altruistische Anarchismus*, für den das Glück der Gesamtheit, und der *egoistische*, für den das Glück des Einzelnen höchstes Gesetz ist.

2. Nach dem im Gegensatz zum Staat bejahten Zustande lassen sich unterscheiden: der *föderalistische Anarchismus*, welcher für unsere Zukunft ein geselliges Zusammenleben der Menschen nach der Rechtsnorm, daß Verträge erfüllt werden müssen, bejaht, und der *spontanistische Anarchismus*, welcher für unsere Zukunft ein geselliges Zusammenleben nach einem nichtrechtlichen Gesetz bejaht.

3. Nach der Vorstellung von dem *Übergang zu dem bejahten Zustande* lassen sich unterscheiden:

Der *reformistische Anarchismus*, welcher sich den Übergang vom Staat zu dem im Gegensatz zu ihm bejahten Zustand *ohne Rechtsbruch* denkt, und der *revolutionäre Anarchismus*, welcher sich diesen Übergang *als Rechtsbruch* denkt. Als Unterarten dieses revolutionären Anarchismus: der *renitente Anarchismus*, der sich den Rechtsbruch ohne Anwendung von Gewalt denkt, und der *insurgente Anarchismus*, der sich ihn unter Anwendung von Gewalt denkt."

Eltzbacher, der das Ergebnis seiner wissenschaftlichen Abhandlung besonders aus den Schriften von sieben der hervorragendsten Theoretiker der anarchistischen Lehre, nämlich *Godwin*, *Proudhon*, *Stirner*, *Bakunin*, *Kropotkin*, *Tucker* und *Tolstoj* schöpft, schreibt zu diesen letzteren Arten des Anarchismus, nämlich dem *renitenten* Anarchismus, der sich den Rechtsbruch ohne Anwendung von Gewalt denkt, die Namen: Tucker und Tolstoj, und zu dem *insurgenten* Anarchismus, der sich den Rechtsbruch *aktiv* und *unter Anwendung von Gewalt denkt*, die Namen Stirner, Bakunin, Kropotkin. –

Unter diesen dreien war es besonders *Kropotkin*, der sich eine klare Vorstellung von der Anwendung der Gewalt, der Propaganda durch die Tat gemacht hat. Es ist dies nicht weiter zu verwundern, denn Kropotkin war es ja, neben Bakunin und Tolstoj, der die Gewalt der zaristischen Unterdrückung, der grausamen Bekämpfung der Freiheit des Individuums am tiefsten, am eigenen Leben, an der eigenen Seele, an der Freiheit des Körpers und des Gedankens erfahren hat.

In seinem Buche: „*Worte eines Empörers*" gibt er eine klare Darstellung des Propagandisten der Tat, wie er auch über die Notwendigkeit einer solchen Propaganda, über das Verhältnis der Tat zur Idee, des Täters zur Allgemeinheit, des begrenzten Ereignisses zur Zukunft Wesentliches aussagt. Er betont, daß es Aufgabe derjenigen sei, die den Gang der Entwicklung vorhersehen, die Geister auf die bevorstehende Revolution vorzubereiten.

„Die Anarchisten," sagt er weiter, „sind heute noch eine Minderheit, aber ihre Zahl wächst täglich, wird immer wachsen und am Vorabend der Revolution zur Mehrheit werden. Vor allem aber ist das Ziel der Revolution allgemein bekannt zu machen, damit die Massen von der Idee ergriffen werden. In Wort und Tat ist dieses Ziel zu verkünden, bis es durchaus volkstümlich wird, so daß es am Tage der Erhebung in aller Munde ist."

„Diese Aufgabe," sagt Kropotkin, „ist größer und wichtiger, als man im allgemeinen annimmt. Denn wenn das Ziel auch einigen wenigen deutlich vor Augen steht, so ist es doch ganz anders mit den fortwährend von der Bourgeoispresse bearbeiteten Massen."

„Der Geist der Empörung," sagt Kropotkin ferner, „muß geweckt werden. Es müssen das Unabhängigkeitsgefühl und die wilde Kühnheit erwachen, ohne die keine Revolution zustande kommt. Zwischen der friedlichen Erörterung von Übelständen und dem Aufruhr, der Empörung liegt ein Abgrund, derselbe Abgrund, der beim größten Teil der Menschheit die Überlegung von der Tat, den Gedanken vom Willen scheidet. Das Mittel, um diese beiden Wirkungen zu erzielen, ist: beständiges, unablässiges Handeln der Minderheiten, denn," so meint er: „Mut, Ergebenheit, Aufopferungsfähigkeit seien ebenso ansteckend wie Feigheit, Unterwürfigkeit und Angst."

(Wie sehr Kropotkin in diesen Äußerungen sich als reiner Theoretiker erweist, erhellt aus der Rolle, die er etwa ein Dritteljahrhundert nach der Veröffentlichung der „Worte" gelegentlich der großen bolschewistischen Revolution Rußlands gespielt hat. Kropotkin hat, als Anarchist kommunistischer Observanz, in idealistischer Weise und der gegebenen Wirklichkeit fremd, den Bolschewismus als Mittel zur Herbeiführung der endlichen Freiheit verkannt. Er hat den „Mut, die Ergebenheit, die Aufopferungsfähigkeit" der kleinen initiierenden Gruppe der Bolschewiki nicht in voller Weise zu würdigen verstanden. Wenn er sagt, daß diese

Eigenschaften ebenso ansteckend seien wie Feigheit, Unterwürfigkeit und Angst, so hat er im Grunde das Wesen der bürgerlichen Seele auch nicht bis in seine Tiefen ergründet – denn er hätte sonst jene kleine Gruppe, die in der Tat Mut, Ergebenheit und Aufopferungsfähigkeit gegen eine Welt von Feigheit, Unterwürfigkeit und Angst repräsentierte, wirkungsvoller durch die Macht seiner Persönlichkeit unterstützen müssen, als er es in Wahrheit getan hat.)

„Welche Formen soll die Propaganda annehmen?" fragt Kropotkin weiter. „Jede, die durch die Lage der Dinge, durch Gelegenheit und Neigung vorgezeichnet wird. Bald mag sie ernst, bald scherzhaft, aber immer muß sie kühn sein. Bald mag sie von einer Mehrheit, bald von einem Einzelnen ausgehen. Niemals darf sie ein Mittel unbenutzt, niemals eine Tatsache des öffentlichen Lebens unbeachtet lassen, um die Geister in Spannung zu erhalten, der Unzufriedenheit Nahrung und Ausdruck zu geben, den Haß gegen die Ausbeuter zu schüren, die Regierung lächerlich zu machen, ihre Ohnmacht darzutun. Vor allem aber muß sie, um die Kühnheit und den Geist der Empörung zu wecken, immerfort durch das Beispiel predigen."

Und weiter heißt es: „Männer von Herz, die nicht nur reden, sondern handeln wollen, reine Charaktere, die Gefängnis, Verbannung und Tod einem Leben vorziehen, das ihren Grundsätzen widerspricht, kühne Naturen, die wissen, daß man wagen muß, um zu gewinnen – das sind die verlorenen Posten, die den Kampf eröffnen, lange, bevor die Massen reif sind, offen die Fahne der Empörung zu erheben und mit den Waffen in der Hand das Recht zu suchen. Mitten in dem Klagen, Schwätzen, Erörtern erfolgt durch einen oder mehrere eine aufrührerische Tat, die die Sehnsucht Aller verkörpert."

Schließlich aber kommt Kropotkin auf die Wirkung und somit das praktische Ergebnis dieser Propaganda zu sprechen, indem er resumiert: „*Eine einzige Tat macht in wenigen Tagen mehr Propaganda als tausend Broschüren.* Eine Tat gebiert die andere; Gegner schließen sich dem Aufruhr an; die Regierung wird uneins, Härte verschärft den Streit; Zugeständnisse kommen zu spät: *Die Revolution bricht aus.*"

*

Die Spannweite zwischen den angeführten Theorien des Anarchismus und den Motiven der Propagandisten durch die Tat, wenn man die im Folgenden zu behandelnden Individuen so nennen darf, ist eine beträchtliche; auch die eingestandene Auffassung, die diese letzteren von ihrer anarchistischen Gesinnungspflicht öffentlich kundgegeben haben, entfernt sich von der eben zitierten Darstellung Kropotkins, in der wir das grundlegende Bekenntnis eines aktiven Revolutionärs zu sehen haben. Immerhin lassen sich bei den Geständnissen dieser Propagandisten, in der Motivierung ihrer Taten vor

Gericht, Abstufungen wahrnehmen, welche mehr oder weniger deutlich ihre Stellung zu der Idee des Anarchismus kundgeben. Die geringere oder weitere Entfernung ihrer emotionellen Motivierung von jenem nüchternen und festen Gesetz der Notwendigkeit der Propagandaaktion, wie sie Kropotkin dargelegt hat, ist weniger an dem Temperament als an dem Bildungsgrade der Propagandisten zu messen.

Es wäre verkehrt, die Menschen, von deren Taten ich berichten will, als Verbrecher anzusehen. Verbrecher darf sie nur jener nennen, der sich mit den Anschauungen der Gesellschaft, wie sie heute besteht, identifiziert. Wer aber auf dem Standpunkt beharrt, daß die Gesellschaft, in der wir leben, geändert werden muß, daß sie auf *revolutionäre* Weise aus ihren Fugen gebracht werden muß, weil eine evolutionäre die Widerstände stärkt, statt sie zu vermindern, wer eine freiere, glücklichere, utopistische Form der Gesellschaft in der Zukunft erkannt hat und vorbereiten will – wird die anarchistischen Propagandisten nicht als Verbrecher, sondern als Pioniere einschätzen müssen. Wenn auch ihre Taten zuweilen das Draufgängertum blindwütigen, rücksichtlosen Vernichtens von Leben und Eigentum erkennen lassen, so wurzeln diese Taten doch in einer anderen Sphäre. Folgt man dem Ursprung der Revolte dieser „Attentäter, Bombenwerfer, Mörder und Räuber“, dieser „Feinde der Menschheit“, – so findet man in der Ursache ihrer Empörung die Elemente der sozialen Ungerechtigkeit, der Unterdrückung, des Elends der Herkunft, ebenso der ursprünglichen Blutmischung, wie der sozialen Lebensbedingungen im Elternhaus, der Erziehung – – über all diesem aber den *Zug der Zeit.*

Der soziale Unfriede manifestiert sich am deutlichsten und entscheidendsten in Charakteren, die nicht erst die langsame Disziplin der sozialistischen Parteiorganisation durchmachen können. Er manifestiert sich in explosiver Form. Seit den Attentaten 1891-94 hat die revolutionäre Organisation der Massen ungeheure Fortschritte gemacht. Durch die Organisation aber ist augenscheinlich der revolutionäre Trieb in den Individuen zurückgedrängt worden, wenn nicht verkümmert. Organisation bedeutet: Abwälzung der Verantwortung des Einzelnen auf eine hinter ihm stehende, ihn schützende größere Masse, und in diesem Sinne fragt es sich, ob die Propaganda durch die Tat des Einzelnen heute noch stark genug sein könnte, die Organisation, d. h. die Massen in Bewegung zu setzen. Das Ergebnis besonders der deutschen Revolution, dieser Revolution eines überorganisierten Proletariats, antwortet auf diese Frage: Nein.

Besonderen Aufschluß über Wesen und Wirkung der Propagandaaktion des Einzelnen gibt die Legende, die sich um Namen, Tat, das Leben eines solchen Einzelnen im Volke bildet. Die Tat des Individuums, das sich von der Gesamtheit ablöst, übt auf die Masse, in deren Interesse diese Tat getan worden ist, einen außerordentlichen Zauber, eine starke Suggestionskraft aus. Dies hat auch Kropotkin erkannt. Ob aber diese Suggestion, wie Kropotkin meint, eine *aktive Tat der Gesamtheit* hervorrufen kann, bleibt dahingestellt. Jedenfalls bemächtigt sich das Bedürfnis der Massen nach Romantik des Lebens des revolutionären Propagandisten und hüllt es in eine Glorie ein.

Der Name *Ravachol*, der hier öfters erwähnt werden wird, ist auf diese Art, wie ein Symbol der Empörung, Sprichwort im französischen Volke geblieben.

Dieser Name *Ravachol*, fremdartig, einprägsam und populär, deckt eine ganze Epoche des revolutionären Lebens Frankreichs. Man kann nach anderen Epochen Umschau halten, Epochen, in denen sich große Staatsaktionen, bedeutsame Erlebnisse des Volkes abgespielt haben, und wird finden, daß diese in ihrer Gesamtwirkung bedeutsamen Zeitläufte von keinem einzigen Namen gedeckt werden, wo die Epoche des insurgenten Anarchismus von 1891-94 in Paris durch den Namen *Ravachol* gedeckt ist.

Neben diesem Namen büßen jene anderen aus derselben Epoche: Vaillant, Henry, Caserio einen wesentlichen Teil ihrer Bedeutung ein, obzwar sie für die Epoche von äußerster Bedeutung geblieben sind, obzwar sie sich sogar mit den Idealen des aktiven Anarchismus (jedenfalls in dem Fall Vaillant und Henry) inniger berühren als dies bei Ravachol der Fall ist. Dieser aber galt und gilt als der *Initiator*, als der Erwecker jener Epoche, als Der, dessen Tat den revolutionären Instinkt, den immer gärenden latenten Instinkt zur Menschheitsbefreiung in dem französischen Volke für eine Zeit entfesselt und aufgerichtet hat.

*

1891-94.

Die Zeit der Attentate von Ravachol, Vaillant, Henry, Caserio. Die Zeit des Prozesses der Dreißig.

Die Zeit des Panama-Skandals. Eine Epoche der politischen Korruption, der Hochkonjunktur des bürgerlichen rücksichtslosen Genußlebens, der stärksten Konzentration von Industrie- und Finanzkapital zur Ausbeutung der arbeitenden Massen.

Es war die Zeit vor der Reinigung der Atmosphäre durch die Aktion für den Kapitän Dreyfus, die Zeit der Präsidentschaft Sadi-Carnots, die das Regime des alten Grévy abgelöst hatte.

Jules Grévys Präsidentschaft, in deren Zeit die Beängstigung des republikanischen Frankreichs durch den General Boulanger fiel, versank im Sumpf des Wilson-Skandals. Kaum hatte die denkwürdige Schnäbele-Affäre an der elsässischen Grenze die Gefahr eines Krieges zwischen Frankreich und Deutschland für einen Augenblick aufleben lassen, da wurde das Interesse des Volkes durch eben jenen Skandal unter dem Namen Wilson auf den Zustand der bedrohten bürgerlichen Republik abgelenkt. Wilson, Schwiegersohn des Präsidenten Grévy, hatte für gutes Geld die Ehrenlegion an Leute verschachert, die alles, nur nicht die Ehre Frankreichs repräsentierten. Als nun diese übelriechenden Machenschaften aufgedeckt wurden, blieb Grévy, der von den Geschäften seines Schwiegersohnes keine Ahnung hatte, nichts übrig, als zu gehen. Er verließ seinen Posten ohne das Odium des geringsten persönlichen Makels.

Sadi-Carnot, sein Nachfolger aber übernahm ein so ziemlich außer Rand und Band geratenes bürgerliches Gemeinwesen. Carnots Regierungsantritt war durch die Notwendigkeit, mit des Generals Boulanger Agitation aufzuräumen, belastet. Die Republik war durch den doppelten, sozusagen konzentrischen Angriff von orleanistischer Seite wie vonseiten ihrer eigenen bürgerlichen Korruption in schwerste Bedrängnis geraten. Wilsons Tat deckte ja nur einen Zipfel von dem ungeheuren Schmutz auf, in dem die Republik Frankreich zu versacken drohte. Sadi-Carnots Regierungsära hatte außer der Aufglättung des Ehrenlegionsskandals mit üblen Affären ähnlicher Art zu schaffen, die hervorragende Mitglieder des Pariser Magistrates durch ihre Geschäfte mit dem Crédit Foncier, in Verbindung mit dem Comptoir d'Escompte, kompromittierten. Zur gleichen Zeit explodierte überdies, wie ein Kloakenrohr, die Affäre des Panamakanals über dem öffentlichen Leben Frankreichs, und der Unflat, der sich auf solche Weise über das politische Leben des Landes ergoß, blieb auf der ganzen Regierungsepoche von Sadi-Carnot haften, die man mit diesem Skandal identifizierte.

All diese Skandalaffären verbreiteten, wie erklärlich, große Erbitterung und Haß unter den arbeitenden Schichten der Bevölkerung, denen die Verrottung des Bürgertums, der sie ausbeutenden Klassen, der regierenden und der Finanz, offenbar geworden war.

Eine Reihe von Streiks bezeichnet die beginnende Unruhe der arbeitenden Schichten Frankreichs jener Zeit. In den Industriebezirken war diese Unruhe natürlich am stärksten wahrzunehmen, doch schlug sie ihre Wellen nach Paris, der Metropole, die ja von jeher das Zentrum jeder Manifestation des französischen Volkswillens war, die den Pulsschlag der französischen Energie in allen Phasen der Geschichte vernehmbar aufgedeckt hat.

Noch hatten die Streiks nicht das Stadium der akuten Revolte erreicht – da brachte ein Ereignis sozusagen den entscheidenden Schwung in die gesamte revolutionäre Bewegung.

Im Mai 1890 wurde in dem kleinen Ort Le Raincy bei Paris eine Werkstatt entdeckt, in der Russen Explosivstoffe und Höllenmaschinen hergestellt hatten. Wenige Monate später wurde der russische General Seliwerstow, ehemaliger Polizei-Präfekt von St. Petersburg, auf den Boulevards durch einen Polen, namens Padlewski, getötet. Padlewski gelang es, mit Hilfe französischer revolutionärer Sozialisten, die Flucht zu ergreifen. Diese Tat lenkte die Aufmerksamkeit des Publikums und der Regierung auf die unzweifelhaft gärenden Elemente der französischen Arbeiterbevölkerung, die sich schon in den mannigfachen Streiks deutlicher werdend, an die Oberfläche gewagt hatten. Es kam der *1. Mai 1891*, und mit diesem Datum beginnt die Ära der anarchistischen Attentate, von der hier die Rede sein soll.

*

An diesem 1. Mai 1891 fanden an vielen Orten Manifestationen ernster Art, Zusammenstöße zwischen Arbeitern und der Polizei statt. In Lyon, Marseille, Nantes und Charleville kam es zu Konflikten, wobei gelegentlich die Truppen von der Polizei zu Hilfe gerufen worden waren. Die beiden bedeutungsvollsten und für die Entwicklung der Dinge wesentlichsten Ereignisse aber waren die von *Fourmies* und von *Clichy*. Man kann sagen, daß diese beiden Ereignisse, die von Fourmies und von Clichy, den revolutionären Trieb unter den radikalen Elementen der französischen Arbeiterschaft, vor allem unter den Propagandisten der Tat, entfesselt haben.

Fourmies ist eine kleine Industriestadt in der Nähe von Avesnes im Departement Nord und bildet den Mittelpunkt eines großen Industriebezirkes, in dem hauptsächlich Glasbläsereien und Spinnereien sich befinden. Ein lokaler Streik, der in Fourmies um die Zeit der Maifeier ausbrach, drohte bald derartige Dimensionen anzunehmen, daß der Unterpräfekt der Kreisstadt Avesnes, Isaac, Infanterie zur Unterdrückung der Unruhen herbeizurufen für gut befand. Die Truppen wurden von einem Major Chapu befehligt, der, als aus der Menge Steine gegen die Soldaten geworfen wurden, den Befehl zum Feuern gab. Nach wenigen Augenblicken bedeckte eine Menge von Toten und Verletzten das Pflaster. Man zählte 40 Schwerverwundete; 2 Männer, 4 Frauen und 3 Kinder waren getötet worden.

Um die gleiche Stunde spielte sich in Clichy, der nördlichen Arbeitervorstadt von Paris, ein wesentlich harmloseres Ereignis ab, welches aber, da es den revolutionären Kern Paris berührte, vielleicht von erheblicheren Folgen begleitet war, als das Ereignis von Fourmies, das immerhin die Geister noch lange im Banne hielt.

Eine kleine Gruppe von Anarchisten hatte in einem kleinen Café eine Versammlung abgehalten, bei welcher Gelegenheit die Korruption der bürgerlichen Republik in gehöriger Weise ihre Kritik abbekam. Nach Schluß der Versammlung begaben sich die Teilnehmer der Versammlung auf die Straße. Es war nicht das erste Mal, daß in den Straßen von Paris eine Gruppe von Menschen unter Vorantragung einer roten Fahne sich vorwärts bewegte, aber diesmal schien die Polizei strenge Weisung erhalten zu haben, jede Manifestation revolutionärer Art unnachsichtig zu unterdrücken. An einer Straßenkreuzung stürzten sich daher die Polizisten auf die Frau, die die Fahne trug, und auf die kleine Gruppe von Menschen, die hinter ihr her marschierte. Revolverschüsse fielen – von beiden Seiten – und das war das Neue an der ganzen Angelegenheit. Die Polizei verhaftete eine Anzahl von Menschen, brachte sie auf die Wache, wo die Gefangenen in übelster Weise zugerichtet wurden. Im französischen Volksmund heißt diese Prozedur: „passer à tabac", und die Art und Weise, wie die Gefangenen bei dieser Gelegenheit „vertobakt" wurden, schien die Gemüter der unteren Schichten von Paris in besonders starkem Maße aufgebracht zu haben.

Die Polizei behielt drei der Verhafteten, die vor das Gericht gestellt, in den nächsten Wochen abgeurteilt wurden. Während einer von den dreien straflos entlassen wurde, erhielten die beiden anderen ungewohnt harte Strafen, die tatsächlich in keinem Verhältnis zu dem Vergehen standen, dessen sie beschuldigt waren, namentlich: der Arbeiter *Decamp* 5 Jahre Zwangsarbeit, der Arbeiter *Dardare* 3 Jahre Zwangsarbeit. Das Urteil der Jury fiel nach Wunsch des Staatsanwaltes aus, der für die Angeklagten die höchste zulässige Strafe verlangt hatte. Wenn die Jury auch mildernde Umstände in Anwendung gebracht sehen wollte, weigerte sich der Präsident des Gerichtshofes doch, diesem Begehren stattzugeben. Die beiden Arbeiter wanderten ins Zuchthaus, ihr Gedenken lebte in den Gemütern der Pariser Arbeiterschaft unter dem Stichwort der „*Märtyrer von Clichy*" fort.

Die öffentliche Meinung des rasch lebenden Paris hatte diese Märtyrer und ihre Leiden, wie das Schandurteil des Gerichtes, das sie zu diesem Leiden verurteilte, bald vergessen – aber die revolutionäre Arbeiterschaft hatte sie nicht vergessen. Immerhin verging ein halbes Jahr, ehe sie, und zwar auf eklatante Weise gerächt wurden.

Im März 1892 erfolgten innerhalb weniger Tage drei Ereignisse, die mit dem Prozesse von Decamp und Dardare zusammenhingen, und die den sogenannten anarchistischen Terror von 1892-94 einleiteten.

Am 11. März explodierte eine Bombe im Hause des Monsieur Benoit, Präsidenten des Gerichtshofes, der die beiden Arbeiter verurteilt hatte; am 15. richtete eine Explosion in der Lobau-Kaserne beträchtlichen Schaden an; am 27. März aber flog ein Teil des Hauses, in dem Monsieur Bulot, der Staatsanwalt, wohnte, in die Luft. Auf solche Weise rächte die Revolution sich an den Vertretern der Staatsgewalt für den 28. August 1891, an dem die Märtyrer von Clichy ihre ungerechte Strafe empfangen hatten.

*

Besonders die Explosion bei Monsieur Benoit, der in einem vornehmen Hause am Boulevard St. Germain wohnte, und jene andere Explosion, die in der Rue de Clichy das Haus des Staatsanwaltes Bulot arg beschädigte, zeigten dem aufschreckenden Volke von Paris, daß ein Wille, ein Plan hinter diesen Attentaten steckte. Das war es, was am meisten Schrecken unter der Bevölkerung, besonders dem Magistrat und den Personen der Regierung verbreitete. Man sah sich plötzlich einer ungekannten, ungreifbaren, augenscheinlich effektiven Macht gegenübergestellt, die durch eine *Idee* geleitet wurde, gleich jener, in deren Dienste man selber stand. Es war die Idee der *Gewalt*, Gericht gegen Gericht, Meinung gegen Meinung, Schicksal gegen Schicksal. Das *Volk* hatte gesprochen, das stumme, unterdrückte wurde in einer Folge von schrillen Aufschreien plötzlich laut. Und diese Schreie tönten mitten durch den Lärm des genießerischen Paris, durch die taumelnden Boulevards. Sie verkündeten *Revolution*.

Man mußte sich vor der Revolution schützen. Wo aber sie fassen? Die drei Explosionen bedeuteten dem zynisch leichtlebigen, jede Beängstigung leichtfertig zum Nervenkitzel degradierenden Paris eine Warnung und ernste Beunruhigung.

Rascher als man ahnte, entblößte sich die Wurzel des revolutionären Triebes. Kaum drei Tage nach dem letzten Attentat, dem der Staatsanwalt zum Opfer fallen sollte, wurde in einem Restaurant am Boulevard Magenta der Täter verhaftet. Und das kam so. –

Der Kellner des Restaurants Véry, jenes Restaurants am Boulevard Magenta, bediente am 27. März einen Mann, der sich mit ihm in ein Gespräch eingelassen hatte. Der Mann frug den Kellner, ob er Soldat gewesen sei? Der Kellner antwortete „Nein“ und bemerkte, er freue sich darüber, dem Dienst entronnen zu sein, worauf der Gast ihm den Rat gab, fleißig anarchistische Zeitungen zu lesen und im Gespräch die Bemerkung fallen ließ, daß sich vor einigen Stunden in der Clichy-Straße eine neue Explosion ereignet hätte, die von größerer Wirkung als die neuliche am Boulevard St. Germain gewesen sei. Es seien diesmal zahlreiche Personen verwundet worden. – Kurze Zeit, nachdem der Gast gegangen war, brüllten die Zeitungsjungen die aufregenden Einzelheiten des neuerlichen Attentates über den Boulevard Magenta. Als der Gast drei Tage später wieder im Restaurant Véry erschien, schickte der Kellner insgeheim nach der Polizei. Die Polizei verhaftete den Gast des Restaurants Véry: es war Ravachol.

*

Wer aber war *Ravachol*? Der Prozeß vor den Assisen, der sich kaum einen Monat nach der Verhaftung Ravachols in Paris abspielte, setzte eine der merkwürdigsten Gestalten des revolutionären Frankreichs ins volle Licht der Öffentlichkeit.

Ravachol war zur Zeit seiner Verhaftung 32 Jahre alt; ein kleiner untersetzter Mann von enormen physischen Kräften, dabei von einer gewissen Sentimentalität beherrscht, die sich in seinem Verhältnis zu der Frau, mit der er zusammenlebte, wie auch in seinen Anschauungen über die Pflicht, die der Einzelne seinen leidenden Mitmenschen, besonders wehrlosen Frauen und hungrigen Kindern gegenüber hat, manifestierte. Gleichzeitig mit einer aufs höchste entwickelten Zielbewußtheit und Energie in bezug auf die Aktion, die unternommen werden mußte, um das Unrecht, das die Gesellschaft an dem leidenden Mitmenschen verübte, aus der Welt zu schaffen.

Ravachol war das eheliche Kind seines Vaters. Sein richtiger Name war Franz August Königstein, aber Ravachol hatte den Namen seiner Mutter angenommen, weil er es ablehnte, in Frankreich als ein Deutscher herumzulaufen. Seine Kindheit und frühen Mannesjahre spielten sich im Geburtsort der Mutter, dem Städtchen St. Chamond ab, in dem sich verschiedene Fabriken befinden, Stahlwerke, Glasbläsereien, Seiden- und Bänderwirkereien, wie überhaupt dieses ganze Gebiet der oberen Loire einen der werktätigsten Industriebezirke Frankreichs bildet.

Ravachol, der nicht schwerer als die gesamte andere Bevölkerung unter der Ausbeutung der Arbeiter dieser Gegend litt, betätigte sich Jahre lang in verschiedenen Fabriken, zuletzt als Färber, wobei er sich wahrscheinlich einige grundlegende Kenntnisse in der Chemie anzueignen verstand. (Diese Kenntnisse hat er später bei der Vorbereitung seiner Attentate gehörig zu verwerten gewußt.) Bald bekam er das Elendsdasein, das die Genossen in den Fabriken allzu willig ertrugen, satt. Seinem phantastischen und ungezügelten Temperament entsprach weder die harte Fron, die aussichtslose stupide Folge der täglichen eintönigen Arbeitslast, noch das langsame unabsehbare Spiel der Reformen, zu denen die Organisationen die Arbeiterschaft zu drillen unternommen hatten. Natürlich war seines Bleibens, da er seinem Temperament die Zügel schießen ließ, in den Fabriken der Gegend nicht lange.

Nach einem kleinen mißglückten Versuch, das schöne Silbergeld Frankreichs durch eigene Stanzapparate herzustellen, unternahm Ravachol seinen ersten Mord. Er verübte ihn an einem alten alleinstehenden Edelmann, namens Rivollier, der mit seiner bejahrten Dienerin am Ende eines Dorfes in der Nähe von St. Chamond hauste. Die Ausbeute an Geld scheint bei dieser Tat nur eine geringe gewesen zu sein. Nach der Tat kehrte er an seinen Wohnort zurück, wo er fünf weitere Jahre lebte, ehe er seine zweite Unternehmung vollbrachte.

Diese war von weitaus geringerer krimineller Bedeutung als die erste. Eine der vornehmsten aristokratischen Familien der Umgebung, die Familie der

Grafen von Rochetaillée hatte eine Angehörige verloren: eine alte Dame, von der die Sage ging, sie habe in ihrem letzten Willen den Wunsch geäußert, mitsamt ihrem wertvollen Schmuck begraben zu werden. Einige Wochen nach dem Begräbnis der alten Dame wurde das Gewölbe des Erbmausoleums erbrochen gefunden, die Platten von dem Grabe waren mit ungeheuerlicher Kraft beiseite geschoben, ein kleines Holzkreuz und eine geweihte Medaille lagen auf dem Boden neben dem Sarkophag, in dem die alte Dame ruhte – die, wie man bei dieser Gelegenheit erfuhr, als einzigen Schmuck eben nur diese beiden kümmerlichen Stücke mit ins Grab bekommen hatte. Dies war Ravachols zweite Tat.

Die dritte, die er wenige Wochen später, und zwar Mitte Juni 1891 ebenfalls in der Nähe seines Wohnortes verübte, war der Mord an dem „Eremiten". Der alte Brunel, von der Bevölkerung der Eremit genannt, lebte vom Beten, Prophezeien und von der Weiterleitung der Wünsche der Landbevölkerung an den lieben Gott. Er bekam für diese Betätigung von den abergläubischen Bauern und Bäuerinnen Lebensmittel, abgelegte Kleider und Geld. Ravachol dürfte, als er den Alten in seiner Hütte erwürgte, in allen möglichen Behältern, Pfannen, Matratzen, in allen Winkeln und Verstecken etwa 5000 Franken erbeutet haben. Dieser Schatz bestand aus Gold-, Silber- und Kupfermünzen. Die Kupfermünzen ließ Ravachol liegen, den Rest schleppte er mit, wurde aber von der Gendarmerie nach kurzer Zeit verhaftet und konnte diesmal nur durch einen glücklichen Zufall entwischen.

Einige Monate später sehen wir Ravachol mitsamt seinem Freunde und einer Freundin, bei denen er einige Zeit lang Unterkunft gefunden hatte, seinen Weg nach Paris nehmen, und zwar nach St. Denis, einem nördlichen Vorort, der seit langem, auch heute noch als Brennpunkt der revolutionären Arbeiterbewegung bekannt ist.

Ravachol, der in St. Denis unter dem Namen Louis Léger lebte, trat bald nach seiner Ankunft mitsamt seinem Freund Jus-Béala einer Gruppe aktiver Anarchisten bei, die die antimilitaristische Propaganda zur hauptsächlichsten Aufgabe ihrer Aktivität gemacht hatte. Die Gedanken dieser Gruppe faßten bald starke Wurzeln in Ravachols Hirn und Herz, und da ihn ein Zufall binnen kurzem in den Besitz einer großen Menge von Dynamit-Patronen brachte, unternahm er es, die Märtyrer von Clichy auf eigene Faust zu rächen. Es war gerade die Zeit, in der das Gedächtnis von Decamp und Dardare den revolutionären Flügel der Pariser Arbeiterschaft besonders heftig irritierte. Mit einigen Genossen, unter denen sich auch der spätere Judas der Gruppe befand, gelang es Ravachol, jenen Diebstahl von Dynamit-Patronen bei einem Erdbauunternehmer namens Couézy, in Soisy-sous-Étiolles bei Paris durchzuführen. Nach einer Version sollen es bloß 120 Patronen gewesen sein, eine andere Version aber spricht von 400. Jedenfalls erregte der Diebstahl bald die Aufmerksamkeit der Polizei, die mit voller Energie in allen möglichen Quartieren, wo Anarchisten wohnten oder vermutet wurden, rund um Paris Haussuchungen veranstaltete. Ravachol indes war mitsamt seiner Beute bereits nach einem anderen Vorort von Paris übersiedelt, dem Ort St. Mandé im Osten der Stadt. Sein Plan stand fest: er war berufen, das Leiden der ungerecht und allzu hart Verurteilten Decamp und Dardare an den beiden Personen heimzusuchen, die als Exekutivbeamte des Staates die größte Schuld zu tragen schienen. So kamen die Explosionen bei Benoit und Bulot zustande.

Die zweite in der Reihe der Explosionen, nämlich die in der Lobau-Kaserne war, wie man später erfuhr, das Werk des Anarchisten *Meunier*, desselben, der am Vorabend des Prozesses gegen Ravachol eine Bombe in dem Restaurant Véry am Boulevard von Magenta niederlegte, in dem Ravachol verhaftet worden war. (Dieses Attentat, das Meunier zusammen mit einem jungen Genossen namens Francis unternommen hatte, verursachte den Tod des Wirtes Véry und eines zufälligen Besuchers. Es erregte in Paris ungeheuren Schrecken und Entsetzen, weil man in ihm, mit Recht, die systematische Fortsetzung der durch Ravachol begonnenen Aktionen erblickte.)

Meunier wurde erst zwei Jahre später entdeckt, verhaftet und zu lebenslänglicher Zwangsarbeit deportiert. –

*

Am 26. April 1892 begann der erste Prozeß gegen Ravachol vor dem Schwurgericht in Paris; der zweite und letzte Prozeß gegen Ravachol aber fand zwei Monate später vor dem Schwurgericht in Montbrison statt.

Die Zweiteilung der Anklage hatte außer formal juristischen Gründen auch noch andere, die angesichts der gefährdeten Lage der Pariser Bevölkerung als motiviert angesehen werden konnten. Während nämlich in Paris nur die Dynamit-Anschläge verhandelt wurden, jene beiden letzten Taten Ravachols, die ja eigentlich keinen Verlust von Menschenleben verursacht hatten und daher auch keine ausdrückliche Veranlassung zu Todesstrafen werden mußten, wurde in Montbrison Ravachol zweier vollendeten Morddelikte sowie des Leichenraubes an der Gräfin angeklagt, und hier war es schon weitaus plausibler, ein Todesurteil zu fällen.

In Paris, wo als Zeugen gerade jene beiden hohen Justizbeamten, gegen die Ravachols Attentate gerichtet waren, vorgeladen wurden, lag die Gefahr nahe, daß sich bei einem Todesurteil der Zündstoff des revolutionären Hasses wieder kumulieren und zu einer Entladung drängen könnte. Ein Todesurteil in Montbrison aber konnte sozusagen diesen Haß und diese Gefahr von Paris geographisch ablenken. Man hat den Pariser Assisen, als sie Ravachol zu lebenslänglichem Zuchthaus verurteilten, Feigheit vorgeworfen, aber Erstaunen mischte sich mit Beruhigung. Ravachol nicht zum Tode verurteilt? Die Rachegier des erschütterten Bürgertums überwog diesmal nicht die Erleichterung, die man empfand; so sehr war die öffentliche Meinung durch die Tat Ravachols und Meuniers eingeschüchtert. Zudem wußte man ja, und es war rechtzeitig verkündet worden, daß in Montbrison die Morde Ravachols mit dem Todesurteil gesühnt werden sollten. Dieses Todesurteil hat dann, wie wir sehen werden, auch wieder eine Reihe von Dynamit-Anschlägen nach sich gezogen. Sie waren über Frankreich, die Provinz, ja das Ausland verstreut; Paris selber blieb einstweilen von den Aktionen der Anarchisten verschont.

Während vor dem Pariser Schwurgericht eine Reihe von Angeklagten auf der Bank neben Ravachol Platz genommen hatte, Jus-Béala, der Freund, Mariette Soubert, seine Geliebte, der Judas Chaumentin und ein Pariser Lausbub, *Simon*, genannt *Biscuit*, waren in Montbrison nur Jus-Béala und Mariette mitangeklagt – diese beiden übrigens, in Paris wie in Montbrison, freigesprochen.

In Paris verteidigte sich Ravachol mit Festigkeit und nicht ohne Würde. Er sagte: Ich habe meine Taten aus folgenden Gründen verübt. Herr Benoit hat Decamp und die anderen zu den höchsten, zulässigen Strafen verurteilt, während die Jury die geringsten vorgeschlagen hatte. Die Polizei hat die Verhafteten von Clichy auf schmählichste Weise mißhandelt. All dies war unerträglich. Ich habe meine Taten begangen, um die verantwortlichen Lenker, die Staatsjustiz zu belehren, daß ihrer Härte *unsere* Härte gegenübersteht. Wohl sind die unschuldigen Opfer meiner Taten zu beklagen, und ich bin der erste, der sie beklagt, denn mein Leben war voll von Bitternis; ich bedauere auch, daß hier auf der Bank neben mir Menschen als Angeklagte sitzen, deren Vergehen nur darin bestand, daß sie mich gekannt haben! Ich habe im Namen der Anarchie gehandelt, die eines Tages die große Familie der Menschheit bedeuten wird, und in jener Zeit wird es keine Hungernden mehr geben. Die Schreckensakte, die ich begangen habe, sollten ein Signal für das Bürgertum sein: *daß wir leben*, und daß man uns erkennen solle als das, was wir sind: die einzigen Verteidiger der Unterdrückten.

Auf die Frage nach den Dynamit-Patronen, die aus seiner Behausung verschwunden waren, verweigerte Ravachol die Antwort.

Simon der Zwieback dagegen stellte seinen Standpunkt mit aller Lebhaftigkeit und unbekümmerten Unverschämtheit des vorlauten Gamins dar, wie ihn die Vorstadt jeder großen Metropole kennt. Er wurde gleichzeitig mit Ravachol zu lebenslänglichem Zuchthaus verurteilt und beendete sein junges Leben einige Jahre später gelegentlich einer Revolte in der Strafkolonie. –

Die beiden Monate zwischen dem Pariser Rechtsverfahren und dem vor den Assisen in Montbrison verbrachte Ravachol in einer Art Käfig, immerfort von Wächtern umschlichen und beobachtet, körperlich mürbe gemacht, doch in ungebrochener geistiger Energie. Das Todesurteil löste in ihm nur den Hochruf auf die Anarchie aus, keine Schwäche. Er wies es zurück, die Nichtigkeitsbeschwerde an die weltliche Behörde einzureichen, wie er einige Wochen später, am 10. Juli, im Hofe vor der Guillotine die „Segnungen der Kirche", das heißt den Appell an die göttliche Gnade zurückwies – das Kruzifix, das ihm der Anstaltsgeistliche vorhielt, war ihm mehr Sinnbild des gekreuzigten Proletariats als Symbol der irdischen Gerechtigkeit. Es wird berichtet, daß Ravachol einen populären Gassenhauer sang, während er durch den Gefängnishof zum Blutgerüst schritt. Die Strophe lautet:

„Pour être heureux, nom de Dieu,

Il faut tuer les propriétaires,

Pour être heureux, nom de Dieu,

Il faut couper les curés en deux,

Pour être heureux, nom de Dieu,

Il faut mettre le bon Dieu dans la merde!"

Schon während des Prozesses, der Ravachol vor die Pariser Assisen stellte, hatte sich die Legende um seinen absonderlich revolutionär klingenden Namen gewoben. Die beflügelte, rhythmische Phantasie des Volkes von Paris bemächtigte sich der Taten und der Gestalt des Rächers der Armen. Nach der Melodie der „Carmagnole" entstand um diese Zeit ein Lied zur Verherrlichung Ravachols. „La Ravachole". Die erste Strophe lautet:

„Dans la grande ville de Paris,

Y a des bourgeois bien nourris;

Y a aussi des miséreux,

Qui ont le ventre bien creux.

Ceux-là ont les dents longues –

Vive le son, vive le son,

Ceux-là ont les dents longues,

Vive le son de l'explosion!"

CHORUS:

„Dansons la Ravachole,

Vive le son, vive le son,

Dansons la Ravachole,

Vive le son d' l'explosion!

Ah, ça ira, ça ira, ça ira,

Tous les bourgeois gout'ront de la bombe!

Ah, ça ira, ça ira, ça ira,

Tous les bourgeois, on les sautera!"

Außerdem entstand in diesen Tagen das lebhaft stampfende, an den Tanz um die Guillotine der Großen Revolution gemahnende „Dynamit-Lied":

„Danse, dynamite,

Danse, danse vite,

Dansons, chantons:

Dynamitons, dynamitons!"

Nach Ravachols Verhaftung, während seiner Prozesse, nach seinem Tode erfolgte eine Reihe von Dynamit-Explosionen, und zwar waren es die hauptsächlichsten Konzentrationspunkte Frankreichs und des Auslandes, in denen Gruppen sympathisierender Revolutionäre existierten, die von solchen Explosionen betroffen wurden.

Indes, es hatte den Anschein, als wollte die Welle der anarchistischen Aktivität abebben, bis an einem Dezembertage des folgenden Jahres, 1893, ein neues bedeutungsvolles Attentat die Welt über die weitergehende Gärung des revolutionären Frankreichs belehrte.

*

Diesmal wies der geheimnisvolle Finger der Volksjustiz auf einen Herd der Unterdrückung, den Krebsschaden des Klassenstaates, auf das Exekutivorgan des Willens der Minderheit gegen die großen Massen des Volkes: das Parlament.

Am 9. Dezember 1893 warf *August Vaillant* von der Galerie der Pariser Kammer, des Palais Bourbon, eine Bombe in den Saal, in dem das

Ministerium Casimir-Périer und sämtliche Abgeordnete unter dem Vorsitz von Dupuy ihre Nachmittagssitzung abhielten.

Die Vorgeschichte dieses Attentates ist in kurzem folgende:

Unmittelbar nach dem Dynamit-Diebstahl in dem Pariser Vorort Soisy-sous-Étiolles hatte die Regierung, deren Oberhaupt Emile Loubet, nachmaliger Präsident der Republik war, der Kammer eine Gesetzesvorlage überwiesen, kraft der jeder, der bei der Verübung eines Dynamit-Attentates gleich jenem in der Lobau-Kaserne betroffen würde, die Todesstrafe erleiden sollte. Wie wir gesehen haben, war diese Gesetzesvorlage nicht imstande, die knapp darauf folgenden Dynamitanschläge zu verhüten. Gegen Ende 1892 trat das Kabinett Loubet zurück. Ihm folgte ein kurzlebiges unter der Führung Ribots, das schon im März 1893 das Zeitliche segnete.

Ribots Nachfolger war Charles Dupuy, konservativer Republikaner von ausgesprochen reaktionärer Färbung, ein in den Kreisen der Arbeiterschaft verrufener Mann, verhaßt vor allem wegen eines durch nichts motivierten Vorgehens gegen die Arbeits-Börse und verschiedene Gewerkschaftssyndikate im Lande. (Dupuys Vorgehen wurde immerhin Ursache einer starken Vermehrung der radikalen republikanischen und sozialistischen Parteien gelegentlich der Wahlen im August-September 1893.)

Die Zusammensetzung der Kammer hatte diesmal den Rücktritt verschiedener Minister aus dem Kabinett Dupuy zur Folge. Das Kabinett selbst ging in die Brüche und der 1. Dezember 1893 sah den Aufstieg eines Ministeriums Casimir-Périer, das sich aber in der Hauptsache infolge des Trägheits-Gesetzes der Politik immer noch aus gemäßigten, ja konservativen Elementen zusammensetzte. Dupuy und Casimir-Périer tauschten nun ihre Plätze. Der letztere überließ den Stuhl des Kammerpräsidenten dem ersteren, so daß in jener denkwürdigen Sitzung vom 9. Dezember Dupuy im Präsidentschaftssessel der Kammer saß, während auf dem Ministerpräsidenten-Fauteuil Casimir-Périer seinen Platz eingenommen hatte. –

Vaillants Bombe war vor allem diesen beiden Männern zugedacht. Durch einen Zufall explodierte sie aber nicht in dem Raum zwischen Dupuy und der Ministerreihe, sondern an einem Seitenpfeiler des Balkons, so daß mehr Besucher der Galerie von den umherfliegenden Nägeln, Eisenstücken und sonstigen Projektilen verletzt wurden als Mitglieder der Kammer. Im Augenblick, nachdem der Effekt der Detonation und des Schreckens überwunden war, sprach Dupuy, der reglos auf dem Präsidentensessel verharrt war, die legendär und historisch gewordenen Worte: „Die Sitzung nimmt ihren Fortgang."

Wer war dieser *Vaillant*, der den Faden zerschnitt, an dem die Damokles-Bombe des Volkswillens über dem Haupt der Deputierten und Minister Frankreichs hing?

Vaillant, ein uneheliches Kind, hatte das elende Leben des gesellschaftlichen Parias bis zur Neige gekostet. Mit 14 Jahren auf sich selber angewiesen, trieb ihn die Not des Lebens von einer Arbeitsstätte zur anderen. Auf seinen regellosen Wanderungen kam er nach Algier, dann sogar bis Argentinien, wo er Land aufnahm, ohne sich als Farmer irgendwie bewähren zu können. In Buenos-Aires erschien zu dieser Zeit das Anarchistenblatt „La Liberté", wie um 1893/94 Zentral- und Südamerika überhaupt ein Mittelpunkt der anarchistischen Weltagitation genannt werden konnte. Ruhelos wanderte Vaillant von Kontinent zu Kontinent. Ohne einen Pfennig kehrte er nach Frankreich zurück, mit ihm seine kleine Tochter Sidonie, die ihm sein frühverstorbenes Weib hinterlassen hatte. Nach schwierigem Kampf, vom Mißgeschick mehr als notwendig verfolgt, gelang es Vaillant endlich in Paris einen elenden Posten in einem kleinen Laden zu ergattern. Von seinem Monatsgehalt, ganzen 80 Franken, mußte er sich und sein Kind erhalten. Es wird berichtet, daß er bei seinen Arbeitgebern und im Kreise seiner Genossen als der arbeitswilligste, dabei nüchternste, rechtschaffenste, bescheidenste Mensch bekannt gewesen sei, ein Mann von träumerischer und zarter Veranlagung. Auch in ihm hatte die Idee des Anarchismus Fuß gefaßt, – nicht mit der Gewaltsamkeit, wie sie das in der wilden, muskulösen Robustheit Ravachols getan hatte, all sein Sinnen konzentrierte sich vielmehr in einer verzweifelten Auflehnung gegen das Unrecht, das den Armen, den Schwachen, den Zarten, den Hilflosen in dieser Welt der schamlosen Ungerechtigkeit geschieht.

Casimir-Périer, ein Mann von als außerordentlich anerkannten Fähigkeiten brachte es zuwege, mit seinen politischen Funktionen den Besitz eines der größten Grubengebiete von Frankreich zu vereinen. Dieses Gebiet von Anzin, dessen Direktor er war, ehe er die politische Karriere einschlug, war einer der berüchtigtsten Schauplätze des ewigen erbitterten Kampfes zwischen den Besitzern und den Arbeitern, zwischen Kapital und Ausgebeuteten. Und Casimir-Périer, dem man geheime Beziehungen zu den Royalisten und den Klerikalen, also zur ausgesprochenen Reaktion in Frankreich nachsagte, figurierte in den sozialistischen und anarchistischen Zeitungen der Epoche unter dem giftigen Spitznamen des „Mannes mit den 40 Millionen" des „Blutsaugers von Anzin".

Casimir-Périer war es auch, der mit voller Energie zwei Tage nach dem Attentat von Vaillant das unerbittliche Anarchistengesetz der Kammer vorlegte und durchsetzte, laut welchem anarchistische Attentate als gemeine Verbrechen betrachtet, anarchistische Zeitungen rücksichtslos unterdrückt und die Pariser Polizei in effektiver Weise vermehrt werden sollte. Zu gleicher Zeit verfügte ein Erlaß die Verhaftung einer Reihe bekannter und berühmter Theoretiker der radikalen sozialistischen und anarchistischen Richtung, Haussuchungen, Briefkontrollen, von der nach den Registern jener Zeit eine Reihe außerordentlicher Menschen betroffen wurde, unter anderem: Jean Grave, Sébastian Faure, Elisée Reclus, Paul und Elias Reclus, Louis Delorme, Louise Michel, die in London unter dem Namen Louise Fauvelle lebte, dann Josef Pauwels, der später die Bombe in die Madeleine schleuderte, Ortiz, der später im „Prozeß der Dreißig" figurierte, Matha, der große Theoretiker des Anarchismus Karl Malato, Errico Malatesta, und auch der große ehrwürdige Fürst Kropotkin, der damals bei London seinen Wohnsitz hatte.

Diese Liste, aus einer wesentlich größeren exzerpiert, zeigt so ziemlich alle Namen auf, die um diese Zeit in der theoretischen wie der praktischen Übung der anarchistischen Idee sich hervortaten. Am Neujahrstage 1894 wurden von den 100 mit Verhaftung bedrohten Personen 64 eingeliefert, unter ihnen Elias und Paul Reclus, Mitglieder jener wunderbaren und denkwürdigen Familie von Gelehrten und enthusiastischen Vorkämpfern der Menschenbefreiung, der wahren Geistes- und Seelenaristokratie der Welt, und schon 10 Tage nach dem Neujahrstage begann der Prozeß gegen Vaillant vor den Assisen von Paris.

Der Prozeß war, in der überstürzten Art, wie sein Termin angesetzt worden war, und auch durch den ganzen Verlauf des summarischen Verfahrens gegen den Angeklagten, eine offenkundige, empörende Infamie. Der Protest des ursprünglich für die Verteidigung eingesetzten, ausgezeichneten Advokaten Ajalbert verhallte ungehört: der Termin wurde nicht verschoben. In letzter Stunde erklärte sich ein anderer hervorragender Anwalt, der später als Verteidiger von Zola im Dreyfus-Prozeß weltberühmt gewordene Ferdinand Labori, bereit, den Prozeß für Vaillant zu führen. Es war ja vorauszusehen, welchen Verlauf dieser Prozeß nehmen würde. So wurde dann Vaillant am 10. Januar 1894 in einer einzigen Gerichtssitzung zum Tode verurteilt.

Mit der selben sträflichen Beschleunigung wurde dann das Todesurteil durch den Präsidenten der Republik Carnot bestätigt – der wohl kaum im Unterbewußtsein ahnen mochte, daß er mit demselben Federstrich sein eigenes Todesurteil unterfertigt hatte!

Vaillant, ein Mann von sympathischer Erscheinung, ernst, einfach, Herr seiner Worte wie seiner Gedanken, verweilte in seiner Selbstverteidigung nur flüchtig bei seinem eigenen Schicksal, dem Unrecht und den Brutalitäten, die er im Laufe seines bedrückten Lebens erfahren hatte. Er erbat und erhielt die Erlaubnis, eine längere Erklärung vorzulesen, in der er seine Theorien, seinen

Standpunkt, dem Leben, der Notwendigkeit der Freiheit und dem selbstgewählten Weg der Propaganda gegenüber ausführte.

„Unter den Ausgebeuteten gibt es im wesentlichen zwei Arten von Menschen; die eine Art gibt sich keine Rechenschaft darüber, was mit ihr geschieht, was mit ihr geschehen, und wie sie eigentlich leben sollte. Diese Menschen nehmen das Leben, wie es ist; sie sind als Sklaven geboren, glauben, daß es so recht ist und sind froh über den Bissen Brot, den man ihnen für ihre Arbeit hinwirft. Die andere Art aber ist nicht so leicht mit dem Schicksal versöhnt. Menschen dieser Art denken, studieren, blicken mit hellen Augen um sich, sehen und erkennen die Ursache der sozialen Ungerechtigkeit. Soll man es ihnen vorwerfen, daß sie klar sehen und die Leiden der anderen mitfühlen? Sobald sie aber das eingesehen haben, werfen sie sich in den Kampf und stellen als Rächer der allgemeinen Bedrückung ihren Mann. Ich gehöre zu diesen letzteren. Wo immer ich auch hingekommen bin, überall habe ich Elende, unter das Joch des Kapitals Gebeugte gesehen. Überall war ich Zeuge derselben Folterungen, derselben blutigen Tränen – bis in die Tiefen der wenig bevölkerten Provinzen Südamerikas hinein, wo ich als ein Mensch, der an der Zivilisation verzweifelte, glaubte unter Palmen ausruhen und die Natur genießen zu können. Und hier wie überall habe ich das Kapital gesehen, wie es den letzten Blutstropfen des unglücklichen Parias vampyrgleich aussaugt. Die Meinen in so hoffnungsloser Weise leiden zu sehen – das brachte den Kelch zum Überlaufen. Ich war dieses Leben der Qual und der Feigheit satt. Meine Bomben warf ich unter jene, die ich als in erster Linie verantwortlich für die Leiden der Allgemeinheit erachte. – Aber geben Sie sich keinen Illusionen hin, die Explosion meiner Bombe ist nicht allein das Zeichen der Verzweiflung eines einzelnen Menschen, sie ist der Ausdruck der Not einer ganzen Klasse, die bald den Schrei des einzelnen übertönen wird. Mit Ihrem Gesetz werden Sie die Ideen der Denker nicht zum Schweigen verurteilen. Alle Kräfte der regierenden Klassen vermochten es im letzten Jahrhundert nicht, zu verhindern, daß Diderot, daß Voltaire ihre befreienden Ideen ins Volk auswarfen; alle Gewalt der heute Regierenden wird es nicht verhindern, daß Reclus, Darwin, Spencer, Ibsen, Mirbeau und die anderen ihre Ideen des Rechts und der Freiheit aussäen, die Vorurteile der unwissenden Menge aus der Welt schaffen. Diese Ideen werden die Unglücklichen zu Akten der Empörung stacheln, wie das in mir geschehen ist – und dies wird bis zu dem Tag sich fortsetzen, an dem *das Verschwinden der Autorität* allen Menschen gestatten wird, sich frei zusammenzufinden nach Maßgabe ihrer inneren Zusammengehörigkeit. Dann wird jeder sich der Früchte seiner Arbeit erfreuen können. Jene Sittenkrankheit, die man Vorurteil nennt, wird in den Tagen verschwinden. Ebenso wird es Allem, was Menschenantlitz trägt, erlaubt sein, in Harmonie zu leben, ohne anderen Willen als dem zum Studium der Wissenschaften und der Liebe zum Nächsten."

*

Die Verteidigung Vaillants hat nicht nur unter den Genossen seiner eigenen Klasse, sondern in der großen, in den Tiefen des Gewissens erschütterten Allgemeinheit Frankreichs ihre Wirkung getan. Als am 5. Februar sein Haupt fiel, erhob sich in Paris, in Frankreich, in der Welt ein Schrei der Empörung.

Die Worte, die er am Fuße des Schafotts ausrief, wie berichtet wird mit starker und jubelnder Stimme: Tod der bürgerlichen Gesellschaft, lange lebe der Anarchismus! fanden einen Widerhall überall, wo um das Menschenrecht gestritten wurde.

Ich erinnere mich deutlich an die Erschütterung, die sich der radikalen Arbeiterschaft um die Zeit der Exekution Vaillants an dem Ort, an dem ich um diese Zeit lebte (es war in Wien), bemächtigt hatte.

Als Vaillants Leiche in jener schmählichen „Ecke der Hingerichteten", im kleinen Friedhof von Ivry im Süden von Paris verscharrt worden war, pilgerten in den nächsten Tagen Hunderte zum Grabe dieses reinen und edlen Empörers. Es wird berichtet, daß man Blumen mit Schleifen auf dem Grabhügel gefunden hat, Blätter, auf denen Gedichte standen. Eine Zeile: „Ehre und Ruhm Deinem Andenken. Ich bin nur ein Kind, aber ich werde Dich rächen!" Ein Gedicht lautete wie folgt:

„Puisqu'ils ont fait boire à la terre,

A l'heure du soleil naissant,

Rosée auguste et salutaire,

Les saintes gouttes de ton sang –

Sous les feuilles de cette palme,

Que t'offre le Droit outragé,

Tu peux dormir d'un sommeil calme:

O Martyr, tu seras vengé!"

*

Bedeutungsvoll und charakteristisch war die Attitude der Zeitungen. Während die Regierungsorgane nach wie vor in ihrem wilden Begehren nach dem Kopf des Attentäters und in der Genugtuung, daß sein Kopf gefallen, verharrten, änderten andere einflußreiche Blätter, wie z. B. der „Figaro" plötzlich ihren Ton und wiesen auf die offenkundige soziale Ungerechtigkeit hin, die es verursacht hatte, daß ein Mensch von solch starker Begabung, intensivem Seelenleben durch die unverschuldeten Schicksale der Armen zum Schafott getrieben werden mußte.

Die bürgerliche Gesellschaft, deren Untergang Vaillant auf seinem Wege zur Guillotine herbeigewünscht hatte, vereinigte sich jetzt zu einer jener bekannten scheinheiligen Massenaktionen, mit denen sie seit jeher ihr Gewissen entlastet, mehr noch aber die Drohungen der Unterdrückten von sich abzulenken versucht. Um die Person, das gegenwärtige und zukünftige Schicksal des armen, hinterbliebenen Töchterchens Sidonie betätigte sich der Wohltätigkeitssinn des französischen Bürgertums, der mit Menschenliebe und Gerechtigkeit übertünchte gesellschaftliche Trieb des Feudal-Adels. Kampf und Rivalitäten entbrannten darum: wer Vormund von Sidonie Vaillant werden sollte. Das Testament ihres Vaters sprach sie seinem Freunde, dem außerordentlichen Vorkämpfer der anarchistischen Theorien Sebastian Faure zu. In einem ergreifenden Briefe, den der Verurteilte aus dem Gefängnis von La Roquette an sein Kind schrieb, und in dem er Sidonie mitteilte, daß von nun an Faure ihr wirklicher Vater sein werde, heißt es: „ein letzter und einziger Rat: sei stets gewärtig, meine Kleine, daß das einzige Ziel des Lebens ist, seinem Nächsten nicht wehe zu tun; sonst aber sollte jeder frei sein, um unbehindert das zu tun, was ihm beliebt. Lasse tun, lasse sagen. Gebe Deinem Leben ein Ziel: das Glück der Menschheit. Arbeite an Dir, damit jene, die Dein Wort hören und Deinen Taten zu folgen vermögen, sich Dir gesellen. Dann wird Dein Leben gut vollendet sein, und Dich wird, wenn Du Dein Leben lässest, dieselbe Genugtuung erfüllen, die Deinen Vater in der Stunde seines Sterbens beherrscht, – denn ich sterbe für all jene, die man die Verdammten in der Hölle dieser Gesellschaft nennen muß!"

Und in einem Tagebuchblatt, das er am Vorabend seines Attentates geschrieben und in einem letzten Willen seinem Genossen und Freund Paul Reclus zugedacht hatte, heißt es u. a.: „Ich sehe dem Tod gefaßt ins Gesicht, denn er ist der Hafen der Enttäuschten. Ich werde zumindest mit der Genugtuung sterben, daß ich für mein Teil alles getan habe, um das Kommen einer neuen Zeit zu beschleunigen. Jetzt verlange ich nur noch eins, das ist: daß bei der Auflösung meines Leibes alle meine Atome sich in der Menschheit verbreiten und ihr dieses Ferment des Anarchismus einimpfen mögen, damit die Gesellschaft der Zukunft endlich Wirklichkeit werde."

*

Fünf Tage nach der Exekution August Vaillants wies der unsichtbare Finger der Volksrache auf eine andere Stätte, an der sich die Moral der herrschenden Bürgerklasse manifestierte. Nach dem Bombenwurf gegen die Beamten der Klassenjustiz, nach dem Bombenwurf in die Kammer der gesetzgebenden Körperschaften flog an einem Abend im Februar 1894 eine Bombe in das große luxuriöse Caféhaus des Pariser Hôtels „Terminus“ vor dem Bahnhof „St. Lazare“.

In der Panik, die die Explosion unter den zahlreichen Gästen dieses Caféhauses verursachte, – einer kam ums Leben, etliche 20 erlitten schwerere und leichtere Verletzungen – versuchte ein junger Mensch, offenbar der Täter, durch die Menge zu entfliehen, wurde aber aufgehalten und gab einige Revolverschüsse auf seine Verfolger und jene, die sich ihm entgegenwarfen, ab. Dem Untersuchungsrichter erklärte er, sein Name sei Le Breton, bald aber gestand er seinen richtigen Namen ein: *Emil Henry*. War Vaillant in seiner ganzen Erscheinung, seinem Lebenslauf und den geistigen Konsequenzen, die dieser Lebenslauf hatte, auf eine höhere, nicht nur gesellschaftlich, sondern ethisch höhere Stufe zu stellen, als beispielsweise Ravachol, so repräsentierte der junge Henry unzweifelhaft eine in beiden Beziehungen gehobene Position über Vaillant, dessen Tod die Bombe im Hotel „Terminus“ rächen sollte.

Emil Henrys Erscheinung bildet sozusagen den Übergang, die notwendige Verbindung zwischen dem aktiven Propagandisten der anarchistischen Idee und jenen Anarchisten, die das theoretische Ideal zu seiner höchsten Vollendung führen, denen aber die physische Kraft zu Propagandataten mangelt, weil sich ihre ganze Energie in der Gedankenaktion konzentriert hat, jede materielle Energie aber durch die Arbeit des Gedankens aufgebraucht und absorbiert wurde.

War die Verteidigungsrede Vaillants, dem lückenhaften Bildungswege des Verfassers entsprechend, noch nicht frei von sentimentalen oder manifestartigen Ingredienzien, so stellt Henrys Plaidoyer ein klassisches Beispiel der durch einen geistig hochstehenden Menschen vollkommen verarbeiteten wissenschaftlichen Theorie dar, die sich notwendigerweise in physische Energie und Tat um setzen mußte.

In der Geschichte der anarchistischen Bewegung ist dieses Dokument dann auch eine der grundlegenden Äußerungen des in bestimmter Weise durchgeführten revolutionären Willens geblieben. Zu den theoretischen Schriften der großen Denker des Anarchismus bildet das Manifest des jungen Henry – er war zur Zeit seiner Tat etwas, über 21 Jahre alt – ein, fast möchte ich sagen, *notwendiges* Komplement, denn es beweist die aktive Kraft, die jenen Schriften der Theoretiker innewohnt; und damit führt dieses Manifest den Beweis, in welcher Weise Theorie, in den geeigneten physischen Bereich verpflanzt, die notwendige Wirkung erzeugen muß.

Es gibt wohl in der Literatur, die sich um die Berichte der Taten des individuellen revolutionären Willens gebildet hat, keine reinere und wirkungsvollere Beweisführung für die Kraft des Gedankens, der sich in junge enthusiastische Seelen versenkt, als die durch dieses Manifest des

Einundzwanzigjährigen geoffenbart ist. Ein Berichterstatter jener Epoche charakterisiert die intellektuelle Einstellung des jungen, begabten und gebildeten Bürgersohnes sehr originell, indem er sagt, daß Henrys Haß gegen seine eigene Klasse weniger der Haß des Hungerleiders gegen den Satten genannt werden kann, sondern eher mit der Verachtung verglichen werden darf, die ein junger Maler der realistischen Schule gegenüber dem süßlichen, verlogenen Kitsch der Schule Bouguereaus empfindet.

Auf alle Fälle haben wir in der merkwürdigen und noch mehr denkwürdigen Erscheinung des jungen Henry einen Vorläufer jener Generation, die wir heute in unserer Zeit der sozialen Umwandlung, des Kataklysmus, in dessen Mitte unsere bürgerliche Welt geraten ist, und in der sie versinkt, entstehen und aufwachsen sehen. Ein klarer, scharfer, ohne Zynismus, mit absoluter Sicherheit seiner Instinkte bewaffneter Geist, der die Konsequenzen seiner Überzeugung wie ein mathematisches Exempel in realen Faktoren zu ziehen versteht. Skepsis beirrt ihn noch nicht, dazu ist er zu jung. Trotzdem hat seine Lebenserfahrung kraft seiner ungemeinen Intelligenz und überlegenen Beobachtungsgabe schon die Zahl seiner Lebensjahre Lügen gestraft. Noch einige Jahre Leben, und er wird sich entweder zum glänzenden geistigen Anwalt seines eingeborenen revolutionären Dranges entwickelt haben, oder ein leergebrannter, kühler und kalter Verächter der Menschheit geworden sein.

Die Bücher der Führer der anarchistischen Idee und die Taten der Anarchisten in jenem Paris von 1891-93 entzündeten den Funken in dem jungen Mann, dessen rein geistig gerichteter Drang nicht durch seinen in der Irritation der Nerven unternommenen Fluchtversuch nach der Tat verneint wird.

Bei der Vernehmung Henrys ereignete sich das Überraschende: er gestand, zugleich der Urheber eines bisher ungeklärten Attentates zu sein, das im November 1892 gegen die Pariser Büros der Bergwerkgesellschaft Carmaux versucht worden war. Die Bombe wurde damals rechtzeitig entdeckt und von den Polizisten nach dem nächsten Polizeikommissariat in der Rue des Bons Enfants gebracht, wo sie explodierte, wobei vier Polizisten getötet wurden und eine große Zahl Anwesender schwer verletzt worden war. Henry gestand ruhig ein, daß er nach diesem verunglückten Anschlag gegen die Bergwerkgesellschaft sich für einige Zeit nach London begeben habe, wo er unter Anarchisten gelebt und sich zu seiner Tat offen bekannt, ja sich dieser Tat auch gerühmt hätte. Offenbar war es auch Henry, auf den sich eine Äußerung in den Memoiren Rocheforts bezieht, der zu jener Zeit in London im Exil lebte, weil er sich aktiver Beihilfe in den boulangistischen Machenschaften schuldig gemacht hatte. Rochefort berichtet, daß Charles Malato, der anarchistische Schriftsteller, ihm eines Tages gesagt habe: „Hier in London geht ein junger Bursche herum, der jene Explosion in der Rue des

Bons Enfants verursacht haben will. Er ist wahrscheinlich ein Prahlhans und will die Leute hineinlegen.“ Es verhielt sich aber in der Tat so, der junge Prahlhans erwies sich als Henry, der Attentäter vom Café „Terminus“.

Henry entstammte einer Familie der höheren Bourgeoisie, die jedoch bereits zur Zeit der Pariser Kommune einige revolutionäre Mitglieder hervorgebracht hatte. Auch war Emils älterer Bruder *Fortuné* selber Anarchist. Emils außerordentliche Intelligenz wurde in dem Lyzeum in Paris, in dem er sich hauptsächlich in der Mathematik hervortat, dadurch anerkannt, daß er mit 16 Jahren ein Stipendium zum Eintritt in die berühmte polytechnische Hochschule zugewiesen erhielt. Da diese Schule aber eine militärisch organisierte und ihre Schüler für den Offizierstand vorbereitende Institution ist, und Emil sich als ausgesprochener Feind des Militarismus schon in frühester Jugend bekannte und betätigte, machte er von dem sozialen Vorrecht, in jene Hochschule einzutreten, keinen Gebrauch. Nach einigen Wanderjahren, die ihn in Geschäftsunternehmungen seiner Verwandten in der Provinz und in Venedig herumgeführt hatten, trat er plötzlich zu einem Uhrmacher in die Lehre, um, wie er in seiner Aussage bekundete, sich die notwendigen Kenntnisse in der Mechanik anzueignen, und später Höllenmaschinen selber herstellen zu können. Um diese Zeit betätigte er sich schon als eifriger Mitarbeiter anarchistischer Zeitungen. Das junge Leben Henrys zeigte also bereits die entscheidende Kurve zur ernsten Verfolgung der anarchistischen Ziele, die ihm durch Blutmischung, Familientradition und durch das Gebot seiner früh entwickelten außergewöhnlichen Intelligenz vorgezeichnet zu sein schien.

Der erste Eindruck, den die bei dem Prozeß Anwesenden von dem jungen, hübschen und besonnenen, dabei von einem schier maßlosen Idealismus erfüllten Menschen hatten, war: hier hat man den St. Just des Anarchismus vor sich.

Und in der Tat, wenn man die versprengten Erscheinungen dieser revolutionären Periode betrachtet, kann man sich der Anschauung nicht erwehren, daß nur der Mangel einer allgemeinen Erhebung sie zu den isolierten und sehr lose vereinten Taten geführt hatte, wo in einer revolutionär aktiveren Zeit jeder von diesen Individualisten seinen Platz in der allgemeinen Bewegung vorgeschrieben gefunden hätte. Jede Zeit gebiert die Menschen oder findet sie vor, die ihre Parole durchführen können; oft ist es aber die Zeit, die kleiner ist als die Menschen, die in ihr leben. Nur selten und in denkwürdigen Fällen der Freiheitsbewegung, der allgemeinen Entwicklung der Menschheitsidee deckt sich die Zeit mit dem Individuum, das ihr Exponent ist. Wenn dann die stupide Menge den an Energie seine Zeit überragenden Revolutionär kurzerhand als Verbrecher stempelt, ist eine von jenen oberflächlichen Meinungen geprägt, in deren Bann die minderwertige Allgemeinheit lange verweilt. Die Geschichte der Menschheit scheint durch solche Fehlurteile, Seichtigkeit des Gefühls, nicht zu Ende-denken-Können, gefälscht zu sein.

Nahm die Erscheinung und das Benehmen Henrys vor seinem Richter auch gleich am Anfang für ihn ein, so verscherzte er sich die allgemeine Sympathie durch einen zynisch klingenden, doch aus der Energie der Idee erwachsenen Ausspruch: auf die Frage des Vorsitzenden, warum er gerade das Café Terminus sich ausersehen hatte, antwortete Henry ruhig: weil er möglichst viele Bürger zu töten beabsichtigte. In der Tat hatte er mit seiner Bombe, bevor er ins Café Terminus kam, bereits einige weniger besuchte Lokale aufgesucht.

Unter den Verletzten im Café befanden sich aber nicht nur „Bürger", sondern Arbeiter oder wenigstens werktätige Menschen. „Sie sehen, Henry," bemerkte der Präsident, „es sind arbeitende Menschen, die Sie töten wollten. Sie haben sie nicht gekannt. Sie konnten sie gar nicht hassen und trotz alledem bleiben Sie vollkommen kalt und gleichgültig vor diesen armen Menschen, die Sie hier, verstümmelt und zu Schaden gekommen, auf der Zeugenbank sitzen sehen!" Darauf Henry: „Allerdings; diese Leute sind mir vollkommen gleichgültig wie im übrigen auch Sie, Herr Präsident. Diese Leute sind Bourgeois, die Leiden und Unglück verursachen. Ihre Misère, was geht die mich an. Ich habe genug andere Misère in meinem Leben gesehen, und wenn es einen Schuldigen und Verantwortlichen dafür gibt, sind Sie es und Ihre Partei." Der Präsident: „Gut. Genug. Setzen Sie sich." Henry, während er sich setzt: „Das ist es, was ich tue."

Der Prozeß Henrys förderte keine besonderen Überraschungen zu Tage. Er rollte sich in den üblichen Formen des Verhörs ab; das übliche Aufmarschieren der Zeugen erfolgte. Es wurde vom Angeklagten kein Versuch gemacht, sich zu entlasten, und die Zeugen, die von seinem Vorleben Kunde geben sollten, bezeichneten ihn übereinstimmend als ernsten, gewissenhaften, nur in seinen Anschauungen und seinen politischen Zielen überreifen und intransigenten Menschen.

Seine Attitüde, die er vom ersten Augenblick an einnahm, blieb bis zum Schlusse des Prozesses die gleiche. Er wußte, daß sein Leben verwirkt war; aber dies beeinflußte seine Haltung oder die Handhabung seines Organs keinen Augenblick lang.

Die Kälte, die er den Opfern seines Attentates gegenüber zur Schau trug, entsprach nur der konzentrierten geistigen Anstrengung, nicht aber der wirklichen inneren Veranlagung Henrys. Er legte sie absichtlich an den Tag, um den Antagonismus des revolutionären Kämpfers zur öffentlichen Meinung darzulegen. Seine oft an Zynismus streifenden Aussprüche waren im Grunde nur Akzente, mit denen er die Theorie, deren Konsequenzen er vertrat, verstärkte. Fast gegen seinen Willen bekundete er bei der

Vernehmung seiner Verwandten (auf seinen ausdrücklichen Wunsch hatte man es seiner Mutter verboten, bei der Verhandlung zu erscheinen) eine gewisse Rücksicht und Zartgefühl. Von ihnen hatte er ja nichts wie Gutes erfahren. Was gingen ihn aber diese intimen Eigenschaften an, wo er das Leiden der großen Massen vor eben diesen, in ihren privaten Beziehungen gütigen und gerechten Menschen im Auge hatte!

Alles in diesem Prozeß schien sich auf das Plaidoyer zuzuspitzen, in dem Henry sein Lebensbekenntnis ablegte. Und dieses Lebensbekenntnis allerdings ist nicht nur eine Rechtfertigung der zufälligen Existenz eines ungewöhnlichen, in vielen Beziehungen einzigen Menschen, sondern es sichert seinem Verfasser auch eine rühmliche Stellung innerhalb der Geschichte der großen sozialen Bewegungen aller Zeiten.

Ehe ich einige Teile, bedeutungsvolle Bruchstücke aus seinem Plaidoyer hier reproduziere, will ich noch rasch einige Worte über den Tod Henrys niederschreiben.

Anfang Februar fand die Explosion im Café Terminus statt, Ende Mai starb Henry unter dem Messer der Guillotine. Es wird berichtet, daß er aufrechten Ganges zum Schafott schritt, aber daß seine Stimme ihn verriet, als er wie ins Leere ins Weltall hinaus, die Worte: „Kameraden, Mut, es lebe die Anarchie!" zu rufen suchte.

Gleichviel. Es ist ja gleichgültig, wie dieser Mensch starb. Es ist fast gleichgültig zu nennen, wie er gelebt hatte. Sein Plaidoyer, sein Werk, das er hinterließ, ist das Wesentliche an seiner Erscheinung.

*

Nach der Rede des Staatsanwaltes, – es war wieder jener Bulot – in der selbstverständlich die Todesstrafe gefordert wurde, bat der Angeklagte um das Wort, noch ehe sich sein Verteidiger erhoben hatte. Aus dem Dokument der Verteidigungsrede Henrys, die er am Anfang kühl und sachlich, ohne das Schriftstück in der Hand zu halten, vortrug (erst später, nach den einleitenden Sätzen, erbat er sich von seinem Verteidiger das Konzept) – aus diesem denkwürdigen, ja, wie man mit Fug sagen darf, historischen Dokument folgen hier etliche kurze Auszüge. –

Nachdem er eine rapide Übersicht über seinen Werdegang gegeben, präzisierte Henry seine Stellung innerhalb der sozialen Bewegung auf folgende Weise: „Einen Augenblick lang zog mich der Sozialismus an; doch es dauerte nicht lange, da lehnte ich diese Partei ab. Ich war viel zu sehr von der Liebe zur Freiheit erfaßt, hatte zu große Ehrfurcht vor der persönlichen Initiative; die Einkapselung in eine gleichgerichtete Truppe flößte mir zu großen Widerwillen ein, als daß ich eine Nummer in der organisierten Körperschaft des Vierten Standes hätte werden können. Übrigens bemerkte ich gar bald, daß der Sozialismus im Grunde an dem Stand der Dinge gar nichts ändert; er respektiert und hält das Autoritätsprinzip aufrecht, und dieses Prinzip ist, was auch die sogenannten Freidenker sagen mögen, nichts anderes als ein Überbleibsel jener atavistischen Furcht vor einer höheren Vorsehung. Ich bin Materialist und Atheist: Studium der Wissenschaften hat mich nach und nach das Spiel der Naturgewalten erkennen lassen; ich habe bald verstehen gelernt, daß die Hypothese, es gäbe einen Gott, durch die moderne Wissenschaft beiseite geschoben worden ist, als unnütz und überflüssig erkannt wurde. Infolgedessen mußten die religiöse Moral und die Autorität, die ebenfalls auf einer falschen Voraussetzung beruhen, verschwinden. Wo also war das milde Gesetz der Sittlichkeit zu suchen, das in einer Harmonie mit den Naturgesetzen diese alte Welt erneuen und eine glückliche Menschheit gebären könnte? Als ich dies erkannt hatte, verband ich mich mit einigen Genossen, die Anarchisten waren, und die ich heute als die besten Freunde liebe, die mir jemals begegnet sind."

„In den Kampf ging ich mit einem tiefen Haß, den der tägliche, empörende Anblick dieser Gesellschaft schürte; denn in dieser Gesellschaft ist alles niedrig, alles feige, alles häßlich, alles ist Hindernis zur Entfaltung der Leidenschaften des Menschen, des edlen Willens der Herzen, des freien Aufschwunges des Gedankens. Ich wollte so hart und auch so gerecht zuschlagen wie ich es nur vermochte."

Henry gibt nun eine Darstellung seiner Freude, die ihn angesichts der ersten Ereignisse des Streiks von Carmaux ergriffen hatte; dieser Streik hatte zu Anfang den Anschein einer revolutionären Tat erweckt, bald aber bemächtigten sich einige Männer der Seelen der Arbeitnehmer, und der Streik schien abzuflauen. Was waren diese Männer? „Es waren dieselben, die alle revolutionären Bewegungen vernichteten, aus Angst, das Volk könnte, losgelassen, nicht mehr auf ihre Stimmen hören. Es waren dieselben, die die Tausende der Arbeiter überreden, monatelang ihr Elend geduldig zu ertragen und die dann auf dem Rücken der Arbeiter sich Volkstümlichkeit und ein Deputiertenmandat ergattern. Dies waren die Männer, die sich an die Spitze der Streikenden stellten. Mit einemmal sah man einen Schwarm von Schönschwätzern sich über das Land niedersenken. Die Grubenarbeiter legten alle Macht in die Hand dieses Packs. Man weiß, was nun geschah. Der Streik drohte ins Unendliche hinauszuwachsen. Die Arbeiter gewöhnten sich an den Hunger, ihren täglichen Gefährten. Die kleinen Reserven ihrer Gewerkschaften und anderer Angeschlossenen kamen ihnen zu Hilfe, waren bald aufgebraucht, und nach zwei Monaten krochen die Armen demütig und elender als je in ihre Gruben zurück. Es wäre einfach gewesen, die Gesellschaft, Besitzerin des Bergwerks, gleich zu Anfang dort anzugreifen, wo sie am leichtesten zu verwunden war: die Kohlenvorräte zu verbrennen, das Maschinenhaus zu zerstören, die Entwässerungsanlagen zu vernichten.

In diesem Falle hätte die Gesellschaft rasch nachgegeben, doch die Großbonzen erkennen diese Methoden nicht an, denn es sind *unsere Methoden, der Anarchisten.*"

„Für mein Teil hatte ich meinen Anschlag auf das Gebäude der Gesellschaft in Paris rasch beschlossen. Der Vorwurf gegen Ravachol: Die unschuldigen Opfer! kam mir in den Sinn. Das Haus aber, in dem sich die Büros der Carmaux-Gesellschaft befinden, ist ausschließlich von Bürgern bewohnt, daher konnte es keine unschuldigen Opfer geben. Da die gesamte Bourgeoisie der Ausbeutung der Unglücklichen teilnahmslos zusieht, muß sie in ihrer Gesamtheit ihre Schuld büßen. Im vollen Bewußtsein der Legitimität meines Unternehmens habe ich jene Höllenmaschine vor den Pforten des Büros niedergelegt."

„Dasselbe ist der Fall bei meinem Terminus-Attentat. Die Bourgeoisie erkennt die Anarchisten als eine geeinte Körperschaft an. Ein einzelner Mann, Vaillant, warf eine Bombe. Neunzehntel der Genossen kannte Vaillant gar nicht. Das aber schadete nichts: die Anarchisten wurden in ihrer *Gesamtheit* verfolgt. Jeder, der nur entfernt zum Anarchismus Beziehungen hatte, unterlag der Verfolgung. Nun, da sie die gesamte Partei für die Tat eines einzelnen verantwortlich machen, vergelte ich *gleiches* mit *gleichem.*"

„Ihr habt in Chicago gehängt, in Deutschland geköpft, in Xeres erwürgt, in Barcelona erschossen, in Montbrison und Paris guillotiniert – was Ihr aber niemals werdet töten können, das ist die Anarchie. Ihre Wurzeln reichen zu tief. Sie ist erstanden aus einer verwesenden Gesellschaft, die sich in ihre Bestandteile auflöst. Sie erhebt sich als eine gewaltsame Gegenbewegung gegen die Ordnung dieser Gesellschaft, sie repräsentiert alle Sehnsucht nach Gleichheit und Befreiung, nach Zertrümmerung der gegenwärtigen Autorität. Sie ist überall; sie ist nirgends zu fassen; sie wird Euch alle töten. Hier, meine Herren Geschworenen, habe ich gesagt, was ich zu sagen hatte. Sie werden nun die Rede meines Verteidigers anhören."

*

Es kann nicht die Aufgabe dieser Abhandlung sein, *Caserios* Attentat auf Sadi-Carnot zu behandeln, obzwar es in organischem Zusammenhang mit den oben berichteten Taten steht.

Am 5. Februar war Vaillant hingerichtet worden, – am 24. Juni rächte Santo Caserio, ein italienischer Proletarier, diesen Tod. Der Präsident der Republik hatte in jenen Tagen in Lyon die Kolonialausstellung besucht. Nach dem Abendessen, auf der Fahrt zum Theater, inmitten pompöser Kavallerie, die den Prunkwagen eskortierte, traf Carnot der Dolch des Italieners. Caserios Motive und Persönlichkeit sind in dem Zusammenhang dieser Erörterungen von geringem Belang (so wie die Jahre später erfolgte

Ermordung Elisabeths von Österreich z. B.). Man darf über seine Tat leicht hinweggehen, wie auch andere Taten von Anarchisten, die sich um dieselbe Zeit in Paris ereigneten, von geringer Bedeutung für die Idee und den zentralen Trieb der anarchistischen Empörung sind.

*

Manche dieser Taten wiesen wohl darauf hin, daß sie die Ketten der Versklavung des Geistes an bestimmten Orten zu sprengen und durchzubrechen suchten: wie z. B. die Tat des *Pauwels*, eines Freundes von Henry, dessen Bombe ihn selber, als er die Madeleine-Kirche in Paris betrat, in Stücke riß.

Andere Attentate hatten einen ausgesprochen burlesken Beigeschmack wie das Attentat jenes Droschkenkutschers *Moore*, des „Dichterkutschers“, der seinen Kollegen in Apoll, Lockroy, den Schwiegersohn Victor Hugos, anschoß, weil dieser Moores Bettelbriefe schließlich nicht mehr beantwortete.

Auch das Attentat auf das Restaurant Foyot bot dem Pariser Witz reichliche Nahrung: wenige Tage, ehe er gelegentlich dieses Attentates ernstlich verletzt wurde, hatte der satyrische Dichter *Laurent Tailhade* in einem dithyrambischen Artikel die Tat Vaillants mit den Worten gepriesen: „Was will der Verlust einiger gleichgültiger Opfer besagen – wenn nur die Geste schön ist!“

Eine andere Tat aber prägte sich der öffentlichen Meinung tiefer ein, das war die Tat des Schusters *Leauthier*, der in einem der bekannten Speisehäuser von Duval den serbischen Gesandten Georgewitsch anschoß, als einen schlemmenden Bourgeois, der noch dazu ein Ordensband im Knopfloch trug! (Leauthier starb in der Strafkolonie während jener schon erwähnten Revolte, gleichzeitig mit Simon, dem Zwieback, Ravachols Gehilfen.)

*

Nachdem die Staatsgewalt sich der Propagandisten der Tat auf solche Weise entledigt hatte, ging sie mit größter Energie ans Werk, die geistigen Wurzeln der Lehre anzugreifen. Eine ganze Anzahl bedeutender Gelehrter, Schriftsteller, Soziologen trafen diese Maßregeln. Es hatten sich in Paris und in Frankreich zahlreiche Gruppen gebildet, die mit dem Studium und der Verbreitung der Lehre des Anarchismus sich beschäftigten. Solche Gruppen waren: Die Gruppe der Libertäre; Die Avantgarde; Die Kinder der Natur; Die Antipatriotische Jugend; Der Internationale Kreis; Die Schwarze Fahne; Die haarigen Burschen („Les Gonzes Poilus“) von Billancourt; Der Panther von Batignolles. Diese sämtlich in Paris.

Von den Gruppen in der Provinz, die immerhin ihre zentrale Organisation (ohne die selbst der Anarchismus nicht auskommt!) in Paris besaßen, nenne ich die hauptsächlichsten: Die Zuchthäusler von Lille; Die Vaterlandslosen von Charleville; Die Unbezähmbaren; Erde und Freiheit von Armentières; Der Pranger von Sedan; Die Parias der Picardie, die Organisationen der nordwestlichen Teile Frankreichs umfaßte; Die Bereitschaft von Blois; Die Gruppe der Sozialen Forschung in Cherbourg; Die Eber von Châlons; Die Nivellierer von Beaune; Der Yatagan von Terre-Noire; Die Freunde Ravachols von Saint-Chamond; Die Gruppe Erst-recht! von Vienne; Die Rächer; Die Hungrigen von Marseille; Die Empörung; Die Bauernrevolte; Die Entschlossenen; Die Eichenherzen von Cette und viele andere.

Eine dieser Gruppen war von dem Sozialreformer Rousset organisiert und hatte den Namen der „Suppen-Vorträge“. In einer Pariser Wärmehalle sprach Rousset, während arme Hungernde von der Straße dort ihren Teller Suppe löffelten, über soziale Probleme und wie der Not abzuhelfen wäre. Diese Ansprachen erregten selbstverständlich die Aufmerksamkeit und schließlich Abwehr der Behörden. Trotz dem Protest einer Anzahl hervorragender Pariser, darunter Jules Simon, Léon Say, Floquet, de Cassagnac, Alfons Daudet, Sarah Bernhardt und Zola, wurde Rousset vors Gericht gestellt und zu einer empfindlichen Gefängnisstrafe verurteilt.

In Paris wie in der Provinz erschienen Wochenblätter, Zeitschriften in großer Zahl, die der Regierung ein Dorn im Auge waren und deren Verfolgung beschlossen wurde. Die Namen der hauptsächlichsten Zeitschriften dieser Art sind:

„Le Père Peinard“, „Le Riflard“, „Der Leimtopf“, „Die Revolte“, letztere hatte Jean Grave zum Herausgeber. Sebastien Faure gab den „Almanach Anarchiste“ heraus, der originelle Bohémien Zo d'Axa die lebhafte und revolutionäre Revue „L'En-Dehors“, die zu ihren Mitarbeitern neben Malato Schriftsteller wie Octave Mirbeau und den Initiator der Dreyfus-Revision, Bernard Lazare, einen edlen und bescheidenen Menschenfreund, zählte. Beide, Mirbeau wie Lazare, aus der oberen Bourgeoisie stammende Intellektuelle, bekannten sich frei und laut zum Anarchismus und legten in den gefährlichsten Zeiten Zeugnis ab für die seelische Integrität manches von der öffentlichen Meinung gebrandmarkten „Mörders und Attentäters“. –

„Der Freie Gedanke“, „Die Attacke“, „Die Libertäre Revue“ erschienen mit Unterbrechungen weiter; eine antimilitaristische Zeitschrift, „Le Conscrit“ hielt sich trotz härtester Verfolgung. In Marseille erschien „Die Harmonie“, in London, nach einer anderen Version in Brüssel der „L'International“, der es sich zur Aufgabe gemacht hatte, die lediglich doktrinären Anarchisten anzugreifen und dabei auch vor Grave, sogar vor Kropotkin nicht Halt machte. Dieser „L'International" scheint der richtige Moniteur der Propagandisten durch die Tat gewesen zu sein. Er brachte eine Beilage „L'Indicateur Anarchiste", in dem praktische Anweisung zur Verfertigung von Explosivkörpern gegeben wurde. In früherer Zeit, lange vor dem Erscheinen des „L'International" hatte die „Lutte" von Lyon ähnliches unter dem Titel „Anti-bürgerliche Produkte" zu geben versucht.

Andere Zeitschriften, die die Verbreitung der Ideen des Anarchismus über den ganzen Erdball bezweckten, waren um diese Zeit: in Belgien „La Société Nouvelle", „Le Libertaire" und „Le XX. Siècle". In London erschien „Freedom", eine ausgezeichnete Publikation, die noch jetzt in dem, jedem London besuchenden Sozialisten wohlbekannten „Bomb-Shop" des alten Henderson, Charing Cross-Road, erhältlich ist (gegenwärtig hat sie ausgesprochen kommunistischen Einschlag); „The Commonweal", der durch die Mitarbeit William Morris' geadelt war; außerdem „The Torch". Ebenfalls in London, der Stadt, die um die Zeit der allgemeinen europäischen Anarchistenverfolgungen ein sicherer Hafen für die Rebellen aller Nationen war, erschien in hebräischen Lettern das jiddische Anarchistenblatt „Der Fraind fun die Arbeter", und die deutsche Zeitung „Der Lumpenproletarier". Andere deutsche Publikationen jener Zeit umfassen die in Amerika erscheinenden: „Freiheit" von Johann Most, „Die Brandfackel" von New York, den „Armen Teufel" Robert Reitzels in Detroit, „Den Vorboten" von Chicago, die jiddische „Freie Arbeiterstimme", den „Anarchist" und andere. Gustav Landauers „Sozialist", das bedeutendste deutsche Organ, ist noch in Aller Erinnerung. In Italien waren der „Sempre Avanti" von Livorno, in Spanien „La Conquista del Pan" von Barcelona, in Südamerika „El Oprimido" und „Tribuna Operaia" die verbreitetsten Blätter der Bewegung.

*

Es war offenkundig, daß die Taten jener Propagandisten die Lehre des Anarchismus in weitere Gebiete ausgestreut hatten, als friedliche Verbreitung der Theorie dies jemals vermocht hätte. Denn die Zahl, der Umfang der anarchistischen Zeitschriften-Literatur schwoll um die Zeit der Jahrhundertwende in der ganzen Welt beträchtlich an. Ich erinnere mich, welch' tiefgehende Wirkung in den Tagen meines Pariser Aufenthaltes, der in dieselbe Zeit fiel, zwei Bücher erregten, die von zweien der bedeutendsten lebenden Anarchisten verfaßt waren – und die Eltzbacher in seinem Werk nicht anführt, ja gar nicht zu kennen scheint. Diese Bücher waren *Sebastien Faures* „La Douleur universelle", und *Jean Graves* „La Société mourante et l'Anarchie", zu dem Octave Mirbeau ein begeistertes Vorwort geschrieben hat.

Es war bezeichnend für die im Grunde trotz aller Reaktion demokratische Grundtendenz des öffentlichen Lebens von Frankreich und seiner Hauptstadt, daß schon 1895, also kaum ein Jahr nach der Ermordung Sadi-Carnots (und dem Prozeß gegen die Dreißig, von dem ich im nachfolgenden sprechen will), die öffentlichen Vorträge von Sebastien Faure monatelang ohne Störung durch die Behörden abgehalten werden konnten. Sie gehören zu den wunderbarsten Erinnerungen, die mich an jene Zeit gemahnen. Vor einem großen und beständigen Publikum, das sich im wesentlichen aus Studenten und Arbeitern zusammensetzte, verkündete Faure das System seines Aufbaus. Mit unerbittlicher Logik zergliederte er die gegenwärtige Gesellschaft, nahm sozusagen das ganze Gebäude der gesellschaftlichen Zusammenhänge auseinander, warf die schädlichen, überflüssigen Teile des Gebäudes auf den Schutthaufen der Vergangenheit und errichtete aus dem Übrigbleibenden ein einfacheres, bewohnbares, lichtes Heim der zukünftigen Menschheit.

Faures Rednergabe führte seine Argumente beweiskräftiger aus, als es seinem Buch, das ich eben erwähnt habe, gelingt. Doch spricht auch in diesem Werk der merkwürdig klare und logische Verstand, jener spezifische französische sens commun den Leser mächtig an.

Eine literarisch höchst zu bewertende Leistung stellt das Buch Graves dar. Es ist eine Kampfschrift gegen den reformistischen Sozialismus, gegen die Grundirrtümer der kapitalistischen und militaristischen Gesellschaft. In erstaunlicher Weise hat der Autodidakt Grave sich die wissenschaftlichen Grundlagen seiner Gewissensüberzeugung zu verschaffen verstanden. Aus der Erkenntnis, die er sich auf solche Art erwirbt, gelingt es ihm, überzeugend und mit hohem Schwung der Begeisterung, die Durchführbarkeit der anarchistischen Prinzipien trotz den feindlichen Grundinstinkten der ewig gleichbleibenden Menschenseele zu beweisen. Auch in seinem anderen Werke „Die Gesellschaft am Tage nach der Revolution“ gelang es Grave, den Aufbau einer utopischen Gemeinschaft in überzeugenden Konturen festzulegen.

Die Taten Ravachols, Vaillants, Henrys und der anderen – die Bücher Faures und Graves: sie geben der Bewegung, dem revolutionären Beginnen des französischen Proletariats um die Jahrhundertwende ihre Grenzen nach dem materiellen und dem moralischen Bereich.

*

Den Prozeß gegen die Dreißig, dessen ich oben Erwähnung getan habe, strengte die Regierung Frankreichs hauptsächlich in der Absicht an, daß durch seinen Verlauf die Notwendigkeit einer durchaus revidierten Gesetzgebung gegen die Feinde der Gesellschaft gerechtfertigt werde. Es sollte zudem schon durch die Namenliste der Angeklagten die Sicherheit in der beängstigten

Bevölkerung erweckt werden, daß es nunmehr der Regierung gelungen sei, die ganze gefährliche Gruppe der wesentlichsten Anarchisten, sozusagen die Zentrale des Anarchismus in Frankreich auszuheben. Die Absicht war: alle möglichen Leute, die im Geruch des Anarchismus standen, die sich als Theoretiker der Lehre, die sich als Propagatoren und als Ausführer anarchistischer Taten betätigten, in einen geschlossenen Raum zusammenzutreiben, sie dort beisammen zu behalten und möglichst endgültig zu „erledigen". Daß in dieser Gruppe, die man kurz als eine Vereinigung von Verbrechern bezeichnete, hervorragende und allgemein anerkannte Gelehrte wie Paul Reclus, Publizisten wie Jean Grave, Sébastien Faure, Alexander Cohen, Charles Chatel, Félix Fénéon, Pouget, Matha, Ledot neben Dieben und undurchsichtigem Gesindel figurierten, bewies nicht nur die Willkür der Regierung, sondern barg auch die Erklärung für das Scheitern ihrer Absicht in sich. Denn, um es vorweg zu nehmen, der Prozeß der Dreißig endete mit einem ausgesprochenen und für die Regierung peinlichen Fiasko der Rechtsbehörden. Wieder beantragte der sattsam bekannte Staatsanwalt Bulot gegen die Dreißig die höchste zulässige Strafe, indem er die Angeklagten miteinander, mit pathetischer Gebärde:

„Vous êtes tous des misérables!"

apostrophierte, aber die Jury gab seinem Begehren nur in einem einzigen Falle nach, indem sie den Mitangeklagten *Ortiz*, das Oberhaupt der „*Bande Ortiz*" zu langjähriger Zwangsarbeit, zwei Mitglieder der „Bande" aber zu geringen Freiheitsstrafen verurteilte. Die übrigen wurden, wie recht und billig, freigesprochen.

Artikel 265 des französischen Strafgesetzbuches besagt (in seiner Abänderung durch das Gesetz vom 18. Dezember 1893, jenes „Gesetz Vaillant"): „Jede Vereinigung, jedwede Gemeinschaft, die hergestellt ist, um Verbrechen gegen Einzelindividuen vorzubereiten oder durchzuführen, stellt ein Verbrechen gegen die öffentliche Ordnung dar." Durch diese Fassung des Artikels wird ausgesprochen, daß die Theoretiker des Anarchismus, genau so wie die Propagandisten durch die Tat, der Gemeinschaftbildung, der Schaffung einer Vereinigung schuldig erkannt sind. Die „Intellektuellen" wie die „Impulsiven", beide sind in gleichem Maße für die Tat selbst verantwortlich, denn ohne die Kraft des Gedankens, des Wortes, der Feder der ersteren würden die letzteren nicht zur Tat gelangen. Die Initiative wie die Ausführung werden auf gleiche Linie gestellt. Die Verbindung zwischen den Studiengruppen der anarchistischen Lehre und dem tatsächlichen Verbrecher ist evident; beide zugleich muß das Gesetz treffen, soll der Anarchismus an der Wurzel gepackt und ausgerottet werden.

Dieser Prozeß der Dreißig dauerte im ganzen acht Tage. Er spielte sich in der ersten Hälfte des August 1894, gleichzeitig mit dem Prozeß gegen den Mörder Sadi-Carnots, Caserio, ab. Das Merkwürdigste und Bedeutungsvollste, der Umstand, der den Ausgang des Prozesses gleich am Anfang ahnen ließ, war: daß sich keine Belastungszeugen für die Dreißig auftreiben ließen. So hatte das rege und immer schwankende Gewissen des französischen Volkes, der wohl aufs höchste irritierten, aber immer noch in den Grenzen des klaren Verstandes und der lauteren Gesinnung bleibenden öffentlichen Meinung Frankreichs von vornherein die Überzeugung behalten, daß der ganze Prozeß ein Fehlgriff war und ein schlechteres Licht auf die Rechtspflege des Landes werfen mußte als auf die Mehrzahl der Angeklagten.

Es wurden darum auch von dem großen Publikum Frankreichs die würdevollen und selbstsicheren Verteidigungsreden von Grave und Faure mit derselben Sympathie aufgenommen, wie die witzig ironischen Wendungen, in denen der Kunstschriftsteller Fénéon seinerseits die Anklagen und die Behandlung des Verdachtes gegen ihn zurückwies. Die „Gemeinschaft der Verbrecher" stand, wie man aus dem Fehlen von Belastungszeugen ersehen konnte, auf schwachen Füßen. Niemand war zu finden, der irgendwie stichhaltig, ja auch nur willkürlich bestätigen oder bejahen konnte, daß eine solche Vereinigung in der Tat bestehe.

Die Anklage behauptete, daß der Gelehrte Reclus die Finanzen dieser Vereinigung oder Partei geführt habe; daß Jean Grave der Schaffung der Studiengruppe oblag, daß die Zeitschrift Graves „La Révolte" den verstreuten Mitgliedern der Vereinigung die Mittel bot, sich gegenseitig zu kennen und zu verständigen. Faure sollte die Bewegung in der Propaganda organisieren. Er war Herausgeber einer in Marseille erscheinenden Zeitschrift „L'Agitation", hatte außerdem, wie nachgewiesen werden konnte, das Kapitalverbrechen begangen, Vaillant 5 Franken durch die Post überweisen zu lassen. Der Schriftsteller Chatel war Begründer der „Revue anarchiste" und Mitarbeiter verschiedener anarchistischer Zeitschriften. Matha redigierte den „En-dehors", er war es auch, der Emil Henry in London bei sich aufgenommen hatte, während Matha selber gelegentlich in Paris bei Fénéon, dem Kunstschriftsteller, der zur Zeit Beamter des französischen Kriegsministeriums war, zeitweilige Unterkunft gefunden hatte. Aus solchen losen Verknüpfungen sollte das Netz sich um die Dreißig knüpfen, und in diesem Netz zappelte zugleich die Bande um den Räuber Ortiz.

Dieser Ortiz, ein merkwürdiger Mischtypus, Sohn eines Mexikaners und einer Polin, stellte in seinem ganzen Wesen den idealistischen Räuber aus sozialen Beweggründen dar, wie die romantische Literatur aller Völker ihn aufweist. Daß dieser intelligente und gebildete Mensch sich bei seinen Taten, die einem unzweifelhaft gemischten, undurchsichtigen Instinkt entsprangen, anarchistischer Grundsätze rühmte und dabei unleugbar die Freundschaft Emil Henrys und anderer reiner Verkünder der Idee genoß, beweist: daß die verbrecherischen Instinkte der Ausbeutung und Knechtung des Einzelnen und der Massen, wie sie sich die heutige Gesellschaft zu schulden kommen läßt, durch gleiches Vorgehen des Einzelnen gerächt werden müssen. Nur dem oberflächlich in den Vorstellungen und Vorurteilen der bestehenden Gesellschaftsform träge Verharrenden wird es, wie bereits betont, einfallen, Verbrechen, die im Obigen als revolutionäre Taten gekennzeichnet worden sind, als Verbrechen zu betrachten.

Solange die Gesellschaft ihre Gesetze nicht den Geboten der Gleichheit, Freiheit und Brüderlichkeit anzupassen oder wenigstens anzunähern verstanden hat, wird das Verbrechen des Einzelnen, sofern es nicht eines der aus Leidenschaft begangenen genannt werden darf, vielmehr die Rache des Einzelnen an der Gesellschaft und rechtmäßiger Kampf des Empörers gegen die große Ungerechtigkeit genannt werden müssen.

Das schmähliche Scheitern des Prozesses gegen die stupid und mit brutaler Willkür, wie bei einer Razzia zusammengetriebenen Dreißig, das gleichzeitig mit der Verurteilung Caserios abschließende Verfahren gegen jenen Anarchisten, dessen Hand das verantwortliche Oberhaupt der Regierung getroffen hatte, schloß eine Periode der revolutionären Bewegung ab, die die anarchistische Periode in der Freiheitsbewegung Frankreichs genannt ist.

Sie bildet, wie gesagt wurde, ein Segment in der fortschreitenden, unter wechselnden Namen stetig gleichbleibenden Entwicklung der Freiheitsidee der Menschheit; die Zeit ihres Geschehens ist der Vorabend des XX. Jahrhunderts, dessen Morgen bereits solch ungeheures Vorwärtstreiben der Idee sah; ihr Schauplatz ist Frankreich, die bürgerliche Republik der Demokratie, des „juste milieu".

Nach dem 26. August 1894, an dem der arme unwissende, wirre Schädel des italienischen Proletariers unter dem Fallbeil der bürgerlichen Justizmaschine fiel, ebbt die Welle der anarchistischen Propaganda der Tat in Frankreich ab.

*

Es scheint nunmehr, als sollte sich die anarchistische Theorie aus dem aktivistischen mehr ins wissenschaftliche Feld zurückziehen. Der Anarchismus wird von dem sich langsam nach links, ins radikale Gebiet ausbreitenden Sozialismus als kleinbürgerliche Ideologie verworfen. Der Sozialismus erhebt die Autorität der Organisation zum leitenden Prinzip und leugnet das Recht des Individuums, aus Gründen der praktischen Erfahrung, wie aus Anbetung der Klasse als solcher, eines Götzen auf tönernen Füßen, sich außerhalb der Organisation, eigenwillig, selbstherrlich und unter voller persönlicher Verantwortung sein Recht zu suchen. Er erklärt das auf solche Weise aus der Organisation entweichende Individuum für einen Feind des Sozialismus und das Individuum sieht sich von dem demokratischen Sozialisten, in Übereinstimmung mit dem reaktionärsten Bürgertum, in Acht und Bann getan und vogelfrei erklärt.

Der Kommunismus, wie wir ihn nach dem Krieg sich ausbreiten und seine Grenzen erweitern sehen, zögert noch, die eigenmächtigen Energien aus dem Bereich des eng benachbarten Syndikalismus, aus den militanten Rängen des insurgenten Anarchismus aufzunehmen. Anzeichen deuten darauf, daß er sie zur gegebenen Zeit wohl aufnehmen, einreihen und benutzen wird. Denn in dem insurgenten Anarchisten brennt am leuchtendsten die Flamme der ewigen Revolte des Menschengeschlechtes. Was verschlägts, daß an ihrem Brand das ephemere Verordnungsblatt der Parteidisziplin rasch verkohlt!

In der Schicksalsstunde der höchsten Gefahr des Freiheitsgedankens, in der Stunde, da das kämpfende und kampfbereite Proletariat am ärgsten bedroht ist, schlägt die große Flamme aus dem Einzelnen auf die Masse über und hüllt die Gesamtheit, Individuum, Partei, Klasse, Menschheit in ihr Licht, ihre Glut ein.